U0645216

军事社会学译丛

文明与战争

〔澳〕布雷特·鲍登 著

唐国建 王 冰 译

哈尔滨工程大学出版社
Harbin Engineering University Press

黑版贸审字 08-2002-101 号

CIVILIZATION AND WAR

by
BRETT BOWDEN

Copyright: ©2013 BY BRETT BOWDEN

This edition arranged with EDWARD ELGAR PUBLISHING LIMITED (EE) through Big Apple Agency, Inc., Labuan, Malaysia. Simplified Chinese edition copyright:
2019   Harbin Engineering University Press Ltd

图书在版编目 (CIP) 数据

文明与战争 / (澳) 布雷特 • 鲍登 (Brett Bowden) 著 ; 唐国建 , 王冰译 .—哈尔滨 : 哈尔滨工程大学出版社 , 2019.12
（军事社会学译丛 ）
ISBN 978–7–5661–2544–6

Ⅰ . ①文… Ⅱ . ①布… ②唐… ③王… Ⅲ . ①战争 – 关系 – 社会发展 – 研究 Ⅳ . ① D068

中国版本图书馆 CIP 数据核字 (2019) 第 276339 号

选题策划   史大伟
责任编辑   王俊一   刘海霞
封面设计   李海波

出版发行   哈尔滨工程大学出版社
社　　址   哈尔滨市南岗区南通大街 145 号
邮政编码   150001
发行电话   0451–82519328
传　　真   0451–82519699
经　　销   新华书店
印　　刷   哈尔滨市石桥印务有限公司
开　　本   787 mm×960 mm   1/16
印　　张   9.75
字　　数   158 千字
版　　次   2019 年 12 月第 1 版
印　　次   2019 年 12 月第 1 次印刷
定　　价   68.00 元
http : //www.hrbeupress.com
E-mail : heupress@hrbeu.edu.cn

"军事社会学译丛"总序

《左传》云："国之大事，在祀与戎。"《孙子兵法》开篇指出："兵者，国之大事，死生之地，存亡之道，不可不察也。"古今中外，军事与战争是决定一个国家和民族命运的头等大事。

当今世界正面临百年未有之大变局，我国既处于发展的重要战略机遇期，又面临着不可预料的外部风险。习近平同志指出："全军要正确认识和把握我国安全和发展大势，强化忧患意识、危机意识、打仗意识，扎扎实实做好军事斗争准备各项工作，坚决完成党和人民赋予的使命任务。"

对于军事斗争，长久以来我国的军事思想不仅探寻军事战略战术，而且尤为重视军内、军政、军民关系，从《孟子》中的"天时不如地利，地利不如人和"到毛主席指出的战争决定因素"是人不是物"，均充分强调了军事问题的社会性质。在现阶段充分继承这一思想，采用科学的方法对军事问题进行社会学分析，复兴并推动我国的军事社会学研究，无疑是"强军兴军"战略的必然要求。

军事社会学的研究始于19世纪末20世纪初的俄罗斯帝国。第二次世界大战前后，在苏联、美国等国家，军事社会学研究受到普遍重视。1941年，美国成立了旨在调查军队中意见和态度的军队信息与教育研究所。该研究所对发生在美国国内外的战争进行社会心理学和社会学的研究。这项工作规模宏大，被描绘成"社会学界迄今为止最有野心的计划"。其大部分研究成果于1949年由塞缪尔·斯托弗和他的助手们收录在了名为《美国士兵》的著作中，它肯定并强调了群体研究、组织研究、理论研究、方法论研究和应用研究的重要意义。1965年，美国社会学家C.H.科茨和R.J.佩里格林撰写的《军事社会学》一书出版，标志着军事社会学作为社会学的一个分支学科正式形成。最初，相关研究因其直接解决军事问题的应用性取向而使学术性有所牺牲，且其关注的问题集中于军事领域内部。在之后的发展中，军事社会学的研究领域日益扩展，对军事问题的社会基础、社会后果等更具社会学风格议题的研究逐渐增多，并且关注不同时代出现的新问题，如恐怖主义、网络战争等。

我国军事社会学研究始于20世纪80年代中期。1984年10月，中国人民解放军南京政治学院许祥文在《解放军报》发表了《创立具有中国特色的军事社会学》一文，拉开了我国军事社会学研究的序幕。三十多年来，军事社会学在明确学科方向、建立学术机构、汇聚学术队伍、开展学术研究等方面取得了一定的成绩。然而，不容忽视的是，由于军事社会学学科新、起步晚，加之整个社会发展的重点多集中在经济建设领域，因此军事社会学研究既缺乏有深度的、系统的基础理论研究，也缺乏扎实的经验研究，更缺乏对世界军事社会学前沿和动态的了解与把握。

哈尔滨工程大学的前身是中国人民解放军军事工程学院（简称"哈军工"），为我国的国防现代化做出了不可磨灭的贡献。国防现代化不仅需要军事科技这样的硬实力，还需要军事社会学这样的软实力。作为哈军工的传人，我们在新时代有义务担负起推动军事社会学发展的重任。为了学习与借鉴西方较为成熟的研究成果，迅速提升我国军事社会学研究水平，我们与哈尔滨工程大学出版社合作，翻译、出版了这套"军事社会学译丛"。

本译丛第一批共有10部著作。例如，《文明与战争》《战争、国家与社会》是"宏观定位著作"，围绕军事社会学的核心主题"战争"展开，探讨战争与国家、社会与文明的关系；《社会学与军事研究：经典与当代的奠基》是"理论奠基著作"，将军事社会学放入社会学的整体思想脉络中考察，寻求军事社会学的社会理论之根；《文武之道：新时代的军人与国家》《士兵与平民》是"结构性分析著作"，聚焦军队在社会结构中的位置，探求军队、军人与其他重要社会群体的关系，分析军事问题的社会基础与社会后果；《军事社会学手册》《劳特利奇军事研究方法手册》是"工具性著作"，为进行军事社会学研究提供全面的理论与方法；《德国的新安全人口统计：人口老龄化时代的军事招募》是"时代前沿著作"，聚焦"人口老龄化"这一各国当代普遍存在的重要人口现象对军队的影响，这对我国极具借鉴价值。

　　这 10 部著作涵盖了军事社会学研究的宏观与微观、理论与方法、经典与前沿，描绘了一个较为完整的军事社会学研究谱系，为我国军事社会学的发展提供了可借鉴的资源。相信在学界的共同努力下，今后会有越来越多的军事社会学成果不断问世，共同推动这一学科的发展。

译者前言

就如书中所言，我们大多数人都想当然地认为，人类越文明，残暴的战争就越不可能发生，但布雷特·鲍登却基于古今的事实用严密的逻辑告诉我们，优雅的文明和残暴的战争总是同时存在的。这就意味着在人类文明高度发达的当今世界，我们更应该警惕和预防战争的爆发，因为文明程度越高的社会，战争发动的可能性和破坏性就越大。对于当今世界各地所爆发的各类战争或冲突，鲍登以当今西方世界所信奉的"文明冲突论"为焦点进行了批判。鲍登认为这个理论是基于一个假设之上的，即"不同的文明或文化群体有着截然不同的生活方式，这些方式被认为是以基本上不相容的价值观和信仰体系为基础的"。事实上，这个假设完全忽视了不同文明之间的交流、合作和融合，以及否定了不同文明之间共存的历史事实。应该说，《文明与战争》一书从反面的角度论证了当今世界各国要应对各种矛盾与冲突，以战争作为解决问题的手段是绝对行不通的，只有通过和平发展的方式构建起世界各国荣辱与共的人类命运共同体，才是人类应对挑战的唯一出路。

这是我们首次翻译军事社会学方面的著作，翻译能力有限，再加上作者引用的知识点太过广泛，因此在翻译过程中我们发现了一些比较生僻的词汇，并且这些词汇作者用的都是原文而不是英文来表述的，如拉丁文 *quod super his*、地方性语言 hin-mah-too-yah-lat-kekht，等等，这些词汇实在无法找到对应的中文词汇，也没有相应的英文解释，因此我们只好继续保留原文或直接用音译的方式呈现。不当之处还请各位读者见谅。

全书翻译具体分工：唐国建负责前言、第一章、第二章、第三章和第七章；王冰负责第四章、第五章、第六章；唐国建统稿校订。感谢哈尔滨工程大学人文社会科学学院的领导和同事们提供的机会和所做的具体策划；感谢我的学生——哈尔滨工程大学社会学系 2016 级本科生封浩婷和

2017 级本科生封骁对译文初稿所做的修订和补充；感谢哈尔滨工程大学出版社的编辑们，是你们的辛勤工作使得这本书能够顺利出版。

译　者
2019 年 10 月

前　言

文明与战争几乎在同一时间、同一地点诞生，因此它们之间的关系远 【vi】
比大多数人所想象的要亲密得多。文明与战争实际上是共同成长的，或者
如本书所展示的那样，文明与战争实际上是同一枚硬币的两面。但这个观
点却违背了一个普遍的认识，即我们越变得文明，我们就越羞于用战争去
解决分歧与争端。这个认识存在一个关联性假设，即当被迫诉诸战争时，
文明社会更有可能遵循战争的规则。但事实也非必定如此。为此，我探讨
了作为一种战争形式的恐怖主义，尽管这是一种完全不文明的战争形式。
这涉及不同文明在解决问题时选择战争的可能性和倾向性。在探究这些问
题时，我必定要深入研究与战争的道德或文明行为相关的问题。基于对历
史和思想的简明而广泛的考察，本书力图阐明文明与战争之间的双向关系。
沿着这一思路，本书也对一些传统的说法提出了质疑。

虽然这本书的篇幅很短，但我完成它却花费了很长时间。当我还是 【vii】
澳大利亚国立大学网络管理学院（Regulatory Institutions Network at the
Australian National University）的成员时，我就已经开始写这本书了，或
者说已经有了这个想法，但由于之后其他项目的出现，占用了我的时间，
因此我在这本书的写作上基本没有取得什么进展。当我转到澳大利亚国防
学院新南威尔士大学人文社会科学学院（School of Humanities and Social
Sciences at the University of New South Wales at the Australian Defence Force
Academy）时，我又开始了这本书的写作，尽管之后不久它又被停止了，
因为我又一次被其他项目分散了注意力。而我再次开启这本书的写作是在
我加入西悉尼大学（University of Western Sydney）之后，就在我开始取得
一些进展的时候，这个世界上最好的拖延借口出现了——我的漂亮女儿埃
尔克（Elke）出生了。尽管如此，还是要感谢这段间隔期的学习，正是有
了它，我才最终完成了这本书的写作。我相信这段等待是值得的。

【vii】　　　当我在逐步完善这本书时，书中的一些观点已经以论文的形式公开发表了：第二、三章的一些观点首次出现在 2011 年《和平研究国际杂志》（*The International Journal of Peace Studies*）第 16 卷春夏期上。第四章援用的观点首次发表在约翰·巴克利（John Buckley）和乔治·凯斯梅瑞思（George Kassimeris）编著的《阿什盖特现代战争研究指南》（*Ashgate Research Companion to Modern Warfare*）一书中（Ashgate，2010）。感谢他们允许我将这些观点再次发表于我的这本书中。我也必须感谢前文提及的那些工作单位的同事，此书中的一些思想在这些单位中被反复探讨过。非常感谢

【viii】郑宏元（Ho-Won Jeong）和安德鲁·林克雷特（Andrew Linklater）对本书原稿部分内容所做的深刻评论，尽管他们的评论在形式上存在些许的差异。

　　我还必须感谢爱德华·埃尔加出版社（Edward Elgar Publishing）的阿莱克斯·佩蒂弗（Alex Pettifer）和爱德华·埃尔加，是他们不辞辛苦、千里迢迢地来与我进行面谈，他们的效率和严谨很快赢得了我的好感，并促使我加入了他们的行列。我非常高兴与这样的一个"家庭出版商"共事。

　　最后，非常感谢我的伴侣格尔达（Gerda）以及我们美丽的女儿埃尔克，前者是无穷的支持和鼓励的宝贵源泉，后者是能够将所有事情放眼未来的绝对愉悦。

目　　录

第一章 绪 论

> 研究文明让我们更了解什么是战争。研究战争让我们更清楚什么是战争。[1]
>
> ——威廉·埃克哈特（William Eckhardt）

> 文明在地球上传播得越广，我们就越有可能看到战争和争端走向消亡。[2]
>
> ——安东尼·尼古拉斯·孔多塞（Antoine-Nicolas de Condorcet）

> 文明的发源地也是战争的发源地。[3]
>
> ——艾拉·梅斯特里奇（Ira Meistrich）

> 没有文明的记录，同时就不会有野蛮的记录。[4]
>
> ——瓦尔特·本雅明（Walter Benjamin）

还有比文明与战争更大的话题吗？很可能有，但文明与战争一定是位于话题排名的顶端。因此，有多少关于文明的描述就有多少关于战争的描述。很少有人将文明与战争作为一个独立的、相互关联的主体来讨论，但是正如埃克哈特的名言所指出的那样，有些人已经发现了这个相互交织且值得探究的关系。《战争与文明》是一部长达八期的纪录片，它基于军事历史学家约翰·基根（John Keegan）的著作，由沃尔特·克朗凯特（Walter Cronkite）讲述。但这部纪录片更多是讲述战争而不是文明。阿诺德·汤【2】因比（Arnold Toynbee）的短篇著作《战争与文明》也是如此，这本书并不是完全致力于探讨战争与文明这一主题，它实质上是从他的多卷本《历史研究》中抽取一系列涉及这一主题的论文组成的。[5]文明这个话题，我想我应该知道一点，并且我相信自己对它有一些亲身体验；战争这个话题，我就不怎么熟悉了，也很庆幸自己对它没有真实的生活体验。这本书的所有内容都在探讨文明与战争之间的紧密关系，在很大程度上正如这本书前面所提及的那四句经典名言从不同方面所暗示的那样，本书探讨的是这个关系的本质。

文明与战争之间的紧密关系远超许多人的想象。埃克哈特认为，文明与战争实际上是"一起成长的"[6]，它们之间的亲密关系是值得仔细观察的。正如埃克哈特所强调的，研究战争与文明之间的关系能够告诉我们很多它们彼此之间的事情。孔多塞认为，战争与文明之间的这种关系就是战争将随着文明在全球的扩散而成为过去的遗迹。但是历史也告诉我们，大众的文明化过程往往是一个牵涉血腥和暴力的战争发动过程。与孔多塞相反，梅斯特里奇的言论表明了一种截然不同的关系：文明与战争是在同一时间、同一地点诞生的——它们实质上是一对孪生子。综合来看，埃克哈特和梅

【3】斯特里奇的言论表明文明与战争实际上是同一枚硬币的两面。瓦尔特·本雅明的言论同样表明，文明的进程是一个血腥和暴力的过程或存在状态，与其说文明是野蛮的对立面，倒不如说两者是同一事物。

在绪论这一章的剩余部分中，我会在概述后续章节之前简要地介绍文明的概念，并对一些被普遍认可的关于战争的定义进行概括。虽然本书中的章节旨在以逻辑和实践的顺序逐次展开，但我尽量使每一章都能独立成文，即使单独阅读也能有所收获。每一章都自成一体且包含一些结论性观点，绪论这一章也同样具有结论的意义，因为这一章实际上是以一些结论性的思想来结尾的。

论文明

文明的观念在思想史和更广泛的世界史中都占有显著而又复杂的地位。它在塑造历史方面具有重要的作用。文明的需求长期被用于描述、解释、辨析和证实各种社会干预和社会政治工程的合理性。[7]文明的重要性在于它是与"整个现代思想史和西方世界主要知识成就"密切相关的少数"基本"

【4】（essential）思想之一。[8]有人可能会补充说，尽管文明明显是一个西方的

概念，但在非西方世界也感受到了它的巨大影响，在那些地方出现的许多上述的社会干预和社会政治工程，有时候就是以战争的形式出现的，特别是西班牙发现和征服新大陆（the New World）以来。

在发生了两次世界大战、一次经济大萧条（the Great Depression）和一次大屠杀（the Holocaust）的世纪时代背景下，倡导文明的观念似乎很不合时宜。但事实并非如此，冷战的结束让"文明"一词以及它的复数形式"社会文明"（civilizations）获得了重生。它们在社会的和行为的科学中被用作描述和解释一系列事件和问题的工具，这种情况在政治和国际事务中最为明显。这种思维转变的契机在很大程度上应归功于塞缪尔·亨廷顿（Samuel Huntington）那极具煽动性的文章和著作。他在这些文章和著作中阐发了他的文明冲突论[9]，关于文明冲突论将在本书最后一章进行详细的讨论。

好好理解何为文明以及它如何广泛地应用于人类事务，有助于我们探索文明与战争之间的关系。只是这项工作并不是人们所想象的那样简单，因为"文明"这个术语自它被创建就被赋予了一系列的含义。正是因为有太多的分析研究被置于文明的框架之下，以至于它经常没有具体或易于理解的含义。作为一个"综合的"或"统一的"概念，"文明"既被用来【5】描述个人与国家的文明化过程，也被用来描述这一过程的累积结果。正如让·斯塔罗宾斯基（Jean Starobinski）所说："关键的是，'文明'一词被同时用于描述历史的基本过程和该过程的最终结果，这建立起了文明与假想的原始状态（或者称之为自然、野蛮或未开化状态）之间的对立。"[10]

这一说法表示，"文明"这个术语不仅仅被用来描述文明化的过程，也被用来描述通过这一过程所达成的文明状态。这意味着文明的观念也具有内在的固有价值或规范特性。我已经在别的地方用很长的篇幅探讨过理想型文明的社会政治特征和规范特性。[11]简而言之，能够根据现行标准应对相当复杂的社会政治组织和自治政府的能力，长期以来被视为文明的一个重要的必备条件。为什么社会政治是思考文明的核心？其中一个至关重要的原因可从下面托马斯·霍布斯（Thomas Hobbes）的《利维坦》①

---

① 霍布斯：《利维坦》，黎思复，黎廷弼译，商务印书馆，1985，第95页。——译者注

（*Leviathan*）中常被引用的一段话中看到：

【6】

　　　　因此，在一切人反对一切人的战争时期所产生的一切，也会在人们只能依靠自己的体力和创造力来保障其生活的时期中产生。在这种状态之下，产业是无法存在的，因为其成果不确定。如此，举凡土地的栽培、航海、外贸进口商品的使用、舒适的建筑、移动与卸载需要耗费巨大力量的物体的工具、地貌的知识、时间的记载、文艺、文学、社会等都将不存在。最糟糕的是不断处于暴力死亡的恐惧和危险中，人们的生活是孤独、贫困、卑污、残忍和短寿的。[12]

　　通常从这段话中得到的一个重要训示就是，处于社会之外、自然之中的生命会不断地受到威胁，没有社会，人们之间几乎没有和平的可能。与此相应的一点就是，某种程度上的社会政治协作和组织是构建文明的一个基本需求。正如霍布斯继续解释的那样，"获取生活必需品……是不可能的，除非建立起一个幅员辽阔的国家"，即"闲暇是和平之母"（the mother of *Peace*, and *Leasure*），或者说是，"哲学之母（the mother of *Philosophy*）……哪里先有伟大而繁荣的城市，哪里就先有哲学的研究"。[13]因此，正是在社会之中，作为社会成员的人类能够获得生存的必需品，这

【7】让他们能够从事创造性的艺术等活动，这些都是文明的外在表现。没有政治社会的合作，就没有科学技术知识，就没有闲暇时间，这就意味着没有哲学和美术，也就没有了企业（industry），没有了个人的财产（property）、财富（wealth）和幸福（wellbeing）。至少在第一种情况下，日益复杂的社会政治组织的存在是文明的首要标志，这是其他特性的先决条件和促进因素。但是我们也将认识到，这些相同的先决条件和促进因素也是战争准备和发动的必备条件。

　　虽然文明的社会政治维度很重要，但是我们也不能忽视文明的道德伦理要素。阿尔伯特·施韦策（Albert Schweitzer）敏锐地意识到了这一点，他写道："简单地说，文明存在于作为人的我们自身努力地去实现人类种群的完美中，以及存在于在人文环境和客观世界中获得的各种进步中。"我们自身的这种意义赋予既是一种态度或意识框架，也是文明的一种政治

的、物质的或文化的体现，因为它"必然包含一个双重的意向：首先，我们对世界和生活必须采取积极肯定的行动；其次，我们必须要变得有道德"[14]。对于施韦策来说，"文明的本质不在于它的物质成就，而在于个人能够牢记完善人类、改善各国人民和整个人类的社会政治状况的理想"[15]。换句话说，"文明起源于人们受到了为实现进步所需的强大而清晰的决心的激励，并因此为服务于生命和世界而献身"[16]。呼吁对生命和世界服务【8】是施韦策文明哲学的核心，实质上也是他对伦理的阐述，即他的"敬畏生命"（Ehrfurcht vor dem Leben）的理念[17]。"敬畏生命"（reverence for life）要求我们有一种关心他人且延伸生命权限的"世界观"，以及拥有一种"对所有生命负有无限责任的"伦理观。[18]

显而易见，这里与前面的观点在侧重点上有一些差异，但是这两种关于文明的看法并没有太大的差异：它们的核心都是进步的理念——个人的和社会的——以及人的可改善性（perfectibility）。西格蒙德·弗洛伊德（Sigmund Freud）的文明观提出了一个类似的观点，他认为文明是一个在很大程度上类似于个体发展所经历的社会化、成熟化的过程，即随着时间的推移人们变得越来越依赖理性力量而不是本能和冲动。[19]法国语言学家斯塔罗宾斯基在他的研究中阐明了文明理想和进步观念之间关系的舒适性（cozy nature），"文明这个词，它表示一个过程，与进步这个词的现代意义同时进入思想（ideas）的历史。这两个词注定要保持最亲密的关系"[20]。

文明与进步之间这种最密切的关系在罗伯特·奈斯比特（Robert【9】Nisbet）的质疑中显而易见，即"文明在任何的形式和实质上是否与我们所知道的相一致……在西方，是否可能存在没有进步信念支持的文明？"[21]他声称"没有任何一种观念比进步的观念更重要……它在西方文明中有近3000年的历史"。尽管诸如自由、正义、平等和团体（community）等观念有其应有的位置且不应被忽视，但他坚持认为，"在西方历史的大部分时间里，甚至这些观念的根基都是一种历史哲学，这种哲学将这些观念的重要性赋予在过去、现在和未来之中"[22]。在这方面，斯塔罗宾斯基还提出了一个中肯的观点，即"文明是理论的强大推动力"，这种力量尽管有点含糊不清，但确实存在一种压倒性的、不可抗拒的诱惑力，让我们"通过详细阐述一种能够为深远的历史哲学奠定基础的文明理论来明晰我们的思想"[23]。显然,文明和进步的双重理想是我们试图通过阐明某种包罗万象或至少是影响广泛的历史哲学来理解生命的重要因素。[24]事实上,近几个世纪以来,这种诱惑已被证明对于政治领域的各种思想家来说是不可抗拒的。

【10】 文明与进步之间深深交织的关系是弗朗索瓦·基佐(François Guizot)在19世纪早期分析欧洲历史及其文明进程的核心。在一篇关于文明的社会政治和道德要求的文章中,基佐坚持认为:

> 文明一词所包含的第一个景况……是进步和发展的景况,它首先呈现的就是一个民族改变其状态而不是位置的进步思想,是一个民族调节自身、改善自身的文化观念。在我看来,进步和发展的观念是"文明"这个词所包含的基本思想。[25]

乍一看,进步的基本面似乎仅仅是"公民生活的完善、社会的发展,也就是所谓的人与人之间关系的发展"。然而,"直觉"告诉我们,"文明这个词包含着更广泛、更复杂的东西,有着超越简单完美的社会关系、社会权力和幸福的内容"。这些内容涉及人类更深层次、更广泛的道德进步的领域,即"个体及其内部生命的发展,人自身及其能力、情感和思想的发展"。像霍布斯或其他人一样,对基佐来说,社会政治的进步或社会治理只是文明图景的一部分,在文明的背后,"文学、科学和艺术都展示了它们的辉煌成就。无论人类在哪里看到这些伟大的标志,这些标志都被人性给美化了;无论这些被创造的壮丽瑰宝在哪里被看到,它都被视为且命名为文明"。在基佐那里,"两个事实"都是文明这一"伟大事实"的组

【11】成部分:"社会活动和个体活动的发展;社会的进步和人类的进步"。无论这"两个征兆"在哪里呈现,"人类都鼓掌欢称其为文明"。[26]

另一位杰出的历史学家 J. B. 布雷(J. B. Bury),也是最早对进步观念进行广泛研究的人之一,同样断言:"(进步的)思想意指文明已经、正在或者即将朝着理想的方向前进。"[27]为了坚定地宣扬这一宏伟的理论,布雷声称"'人类进步'的思想是一个囊括了综观过去和预测未来的理论"。这种理论建构是基于对历史的阐释,即人类景况是朝着"一个明确且理想的方向"前进的。更进一步来说,这"意味着……人类普遍幸福的景况将最终实现,这将证明文明的整个进程都是合理的"。[28]简而言之,历史的

终结接近于人类个体的和社会的完美性状态，这种状态有利于市民或文明社会的相对安全，将霍布斯式的全民战争的威胁和不确定性远远落在后面。但是，文明就真的意味着安稳和远离战争祸害吗？因为正如文明与进步之【12】间有着密切关系一样，文明与战争、战争与进步之间也有着密切的关系。

论战争

在我们的日常话语中，战争一词的使用往往过于宽泛。就如将根本无关生死的体育比赛喻为战争，其实是有点过火的。同样的，在自由民主国家的敌对党派对抗中，说是战争也是有点过了的。在这种政治斗争中，意识形态的差异只是一个程度问题，所谓的战斗是用带刺的舌头进行的，唯一真正受到伤害的是自尊。将抗击毒品、贫困或肥胖等问题喻之为战争也是不合适的。战争就是战争，对许多人来说，它就是生死攸关的事情。

尽管如此，就如昆西·赖特（Quincy Wright）所言，战争对不同的人来说意味着不同的事情："对有的人来说，战争就是一个应该被消除的瘟疫；对有的人来说，战争就是一个应该避免的错误；对有的人来说，战争是应该受到惩罚的罪行；对有些人来说，战争是一个不适用于任何目的的时代错误。"与此同时，"有些人对战争抱有一种接受的态度，他们认为战争可能是一种有趣的冒险活动，可能是一种有用的工具，可能是一种合适或合法的程序，或者可能是一个人必备的生存条件"[29]。

关于战争最常被引用的段落之一就是卡尔·冯·克劳塞维茨（Carl von Clausewitz）的名言："战争只不过是政治的另一种延续手段。"[30]克劳塞维茨，【13】可以被归为赖特所划分的第二种类别，在《战争论》[①]（On War）的开篇中，就毫不犹豫地否定了对"战争的迂腐的、文学式的定义，直切问题的核心，直指决斗"。他继续言道：

> 战争无非是扩大了的战斗。如果我们要把构成战争的无数个决斗想成一个统一体，那么最好把它想象成两个人在摔跤。每一方都试图通过体力迫使另一方服从自己的意志；其最直接的目的

---

① 卡尔·冯·克劳塞维茨：《战争论》，陈川译，民主与建设出版社，2020，第 2 页。——译者注

是战胜对手，从而使对方无力再做任何抵抗。

因此战争是迫使对手服从我们意志的一种暴力行为。[31]

众所周知，战争不仅仅是一对摔跤手之间的较量，甚至也不是家族或敌对帮派之间的世仇争斗。正如卡尔·多伊奇（Karl Deutsch）在赖特的《战争研究》（*A Study of War*）的序言中所指出的那样，战争与"简单的谋杀"的不同之处在于，它是"大规模的、高度组织化的、提前做好充分准备的、以更昂贵和更有效的设备进行，并且它的杀戮范围更广，没有预见性和差别对待"[32]。因此，战争一般都被理解为国家、民族或渴望建国的团体之间有组织的、有意向的、广泛的、暴力的冲突。这种情况往往会持续很长一段时间，尽管也存在例外的情况，如1967年6月以色列与其邻国之间的"六日战争"（the Six Day War）。战争也可能涉及职业军人，并导致【14】高死亡率的出现，尽管一场冲突被视为或归为战争的最低死亡人数并没有真正的一致看法。战争通常分为两类，一类是发生在国家之间的典型的国际战争，如涉及很多结盟国家的第一次和第二次世界大战；一类是内战，即相互竞争的团体为争夺国家控制权而战，或一个或多个团体在国家内部为争取独立或自治而战。对大多数的定义进行批判所达成的一个共识就是"战争是一种仅发生于政治团体之间的现象"[33]。

克劳塞维茨很久以前就强调了战争的基本政治维度，他写道："战争不属于艺术和科学的领域，而是属于社会生活的领域。战争是一种以流血的方式解决主要利益者之间的冲突，它只是在这一点上与其他冲突存在差异。"他继续写道："与其把战争和艺术进行比较，还不如将战争与贸易进行比较更准确一些，贸易也是人类利益和活动的一种冲突形式，并且它比战争更接近于政治，而且政治反过来也可以被视为一种更大规模的商业。"克劳塞维茨强调说："此外，政治是战争在其中发育的母体，战争的轮廓在政治中已经隐约形成，就如同生物的特征在其胚胎中就已形成。"[34]

【15】　　正如接下来的章节所解释的那样，战争和文明一样古老，或者如果你喜欢说"文明与战争一样古老"也是可以的。如梅斯特里奇所阐述的那样，在这片被称为文明的发源地的"新月沃土"（Fertile Crescent）：

> 被最早的犁所耕耘出来的土地也同样被最早的战车车轮所碾压过；制造镰刀的金属也被用来制造刀剑；建造灌溉系统和金字

塔的公共组织也组建军队和建造城墙来抵御敌人；那些用于写赞美诗来歌颂上帝的文字也被用来赞美战士。

因此，说"文明的发源地也是战争的发源地"是完全正确的。[35]

一些人认为，人类之间的冲突，包括战争，在人类文明出现之前就已经存在了，和人类一样古老。例如，劳伦斯·基利（Lawrence Keeley）认为，未开化民族在接触和受到西方文明污染之前，有一种通过淡化社区内和社区间的暴力范围和强度来"平息过去"的倾向。[36]这种论调已经被人们所接受，一位《纽约时报》（*New York Times*）的评论员想知道为何需要提出这个观点，以及怎么有人能"反驳它，例如，坚称在文明国家崛起之前，战争在某种程度上是有差异的、温和的、不那么严重的、更程式化的一种游戏"[37]。另一些人则跳起来反驳这种观点，认为"未开化民族看起来是肮脏的、野蛮的和矮小的，根本就不是流行文化和后殖民时代学术研究所描述的可爱的自然之子"[38]。

关于这一论点，有几点是要说的。基利在他一系列的考古学发现中提【16】出了一个相当直截了当的观点，即尽管存在着严重的族群间暴力，但未开化族群的斗争类型可能并不会上升到上述定义的战争水平。一系列不太直接的观点围绕着浪漫的原始民族问题展开。该论点似乎包含一个固有的假设，即西方文明或西方文化的前身从来都不是原始的，相反，它们一直就是文明的。原始人的标签似乎只给了文明的欧洲人后来所接触的那些人，就如基利的研究所涉及的美洲的各种土著民族、澳大利亚土著民族和巴布亚新几内亚（Papua New Guinea）的部落民族。去阅读相关的支持性评论，会让人们相信这些民族已经不复存在了，这是暗指他们是过去的人。这里值得注意的是，原始的不仅仅是一个用来描述民族或社会及其状况的术语，也是一个用于评估和做出判断的预设术语。

这一总纲性论点与前面概述的文明以及文明与进步之间密切关系的思想是不一致的。它反对普遍历史观，这种观念在很多文献中都有体现，即坚持认为最近发现的原始人只是处于早期发展阶段的"我们"。[39]正如弗里德里希·冯·席勒（Friedrich von Schiller）在18世纪后期所描述的那样："一只聪明的上帝之手似乎将这些野蛮的部落一直保存到我们自己的文明【17】足够进步，能有效应用这一发现，并从这个镜子中找回我们自己种族丢失的开始。"⁴⁰最后要提到的一点是，这种对土著民及其"真实的"生活方式的假定的浪漫主义似乎并未延伸到任何认真改善他们生活的尝试中。如上所述，问题中的人们仍然存在，他们中许多人现在仍然生活在不太理想的状态下。

无论是何时或由谁发动了第一场战争，自第一块石头被掷向敌人以来的数千年里，相互竞争的政治团体之间爆发了数以千计的战争，付出了数千万人的性命，包括士兵和平民。为更好地理解为什么如此多的人会在战争中丧生，本书试图去探究文明进程与战争机制之间的关系。然后，本书辨析了那些关于战争发动期间文明与不文明行为的观点。最后，本书还考察了一个论点，即未来的主要战争将在相互竞争和相互冲突的文明之间展开。

全书架构

【18】　　绪论之后的第二章章名是"文明与和平"。在这一章中，我探讨了"孔多塞断言"之后的争论和思想史，他断言战争将随着文明在全球的扩散而成为历史的遗迹。这一断言是基于一种普遍性理解，即在国内事务和国际关系中，文明社会之间的直接关联更倾向于合作和和平，而不是对峙和暴力冲突。在康德关于永久和平的民主和自由思想理论的影响下，产生了这样一个假设，即文明在全球的传播将加速国际秩序和世界和平的事业进展。这个和平的国际框架中包含着商业具有文明功效的思想，即在日益增长的相互依存的贸易网中，越来越多国家的命运交织在一起。

第三章"文明与战争"挑战了正统的观念。这样做是基于一个关于文明与战争之间的关系本质的误解。在一个社会中，虽然文明在一定程度上与人际关系的和谐有关，但它也与组织化和专业化有关，包括军事化、常备军和备战。正如梅斯特里奇和其他人所阐释的那样，发动上述定义的战争，需要只有文明才能提供的组织、人力和物力资源。通过将普遍接受的"文【19】明等于和平"的公式颠倒过来，这一章展示了文明进程与战争或文明与战争之间的一种截然不同的关系。

第四章"文明与野蛮"转而探讨了文明的和野蛮的社会或民族之间进

行战争的不同方式和标准。人们普遍认为，你可以根据一个人或一个民族如何战斗或发动战争来确定它们是侠义的和高尚的，还是肮脏的和卑鄙的。前者长期以来被描述成文明的，而后者通常被认为是野蛮人、未开化人或恐怖分子的首选策略。这两种战争模式的区分线就是传说中的军事地平线，这是一项欧洲人的发明，主要用于评估和描述新发现和被征服的民族。军事地平线的一个关键性推论就是文明人与野蛮人之间有不同的道德价值。

第五章"文明、战争与恐怖"继续对文明的和野蛮的战争进行一般性的探讨，进一步探究恐怖主义是否是一种战争。如果是，那么是否像一些人所说的那样是一种野蛮的战争？本章还探讨了这样一种说法，即恐怖主义与文明观念是背道而驰的，因此全球反恐战争是以文明的名义与一个不文明的敌人——恐怖分子及其同伙——进行的战争。延续第四章所提出的主题，第五章反驳了反恐战争是"与众不同的战争"的主张；相反，它是 【20】一种"我们对他们"的战争，是一种在整个历史中都很常见的战争类型。

第六章"战争中的我们和他们"进一步探讨了恐怖主义这种战争类型，包括对敌人的妖魔化以及由此可能导致的各种虐待和暴行。这一章回到了第四章提出的一些问题，因为它同样涉及与战争伦理行为有关的问题，或与"战时法"（jus in bello）有关的问题。在考察不同集体或"我们"和"他们"群体之间冲突的过度暴力性时，这一章还概括了一些原因，用以说明为什么我们不应该对完全对立的主角在战争期间所发生的严重虐待行为感到震惊。第四章和第六章共同探讨了本雅明关于伴随文明的野蛮行为的观察，特别是在战争时期。

第七章也是最后一章"战争中的文明？"讨论不同文明之间的战争问题，有些人认为这是大规模冲突在可预见的未来最有可能发生的形式。本章提出的问题是：什么是文明？它们是可以研究和比较的政治单元吗？更重要的是，它们之间是否能够相互发动战争？本章考察了世界主要文明之间的关系史，发现它们之间有时存在紧张和冲突，而在其他时候是长期和平的合作和贸易。

【21】　　　结论

正如二百年前爱德华·吉本（Edward Gibbon）在《罗马帝国衰亡史》①中断言，人类可能"安然接受这个可喜的结论，承认世间所度过的某一个时代都曾为人类增加，而且现在还在继续增加真正的财富、幸福和知识，也许还有良好的品德"[41]。在许多方面，人类历史的记录也证明了这一点，例如，罗马帝国时期人的预期寿命大约是 25 岁。今天，世界平均预期寿命在 65 岁到 69 岁之间，在发达国家的许多地方会更高。 这归功于科学和技术的进步，仅在 20 世纪，"出生时全国男性预期寿命的平均增长率为 66%，女性为 71%，在某些情况下，预期寿命在这一世纪增加了一倍以上"[42]。

20 世纪也见证了前所未有的城市化，这是文明和进步的重要标志。城市居民从 20 世纪初的 2.2 亿、占世界人口的 13% 增加到 20 世纪中期的 7.32 亿、占世界人口的 29%，到 2005 年达到了约 32 亿、49%。由于城市化将继续加速，预计到 2030 年将有近 50 亿人口居住在城市，约相当于全球人【22】口的 60%。[43] 在全球经济方面，据计算，在过去的千年中，全球人口增长了大约 22 倍，全球人均收入增加了大约 13 倍，而全球国内生产总值（global GDP）增长了近 300 倍。这种增长的绝大部分可以归功于工业革命带来的进步；1820 年以来，全球人口增长了 5 倍，而人均收入增长了大约 8 倍。这种发展远远超过了前一个千年，那个时期估计地球人口只增长了六分之一，而人均收入基本上停滞不前。[44]

正如许多人所想象的那样，文明的进展似乎相当顺利。我们比前人要更长寿，我们接受的教育比之前任何时候都要好得多，我们有机会获得比我们大多数人生存所需还要多得多的东西。然而，20 世纪也是人类历史上战争死亡人数最多的世纪，部分原因同样归于工业化和文明化的成就。就如兹比格涅夫·布热津斯基（Zbigniew Brzezinski）所说的，20 世纪又称"特大死亡世纪"（century of megadeath），见证了 1.67 亿至 1.75 亿起杀戮。[45] 这并不一定意味着人类注定在其进入 21 世纪之后会延续这样的战

① 爱德华·吉本：《罗马帝国衰亡史（下册）》，黄宜思，黄雨石译，商务印书馆，2016，第 150–151 页。——译者注

争方式。显然在大多数人和国家更喜欢和平而不是战争的情况下，谁也不想发生这样的事情。但很少有人能够或者可能想起20世纪后期在斯雷布 【23】雷尼察（Srebrenica）所发生的暴行。正如奥斯瓦尔德·斯宾格勒（Oswald Spengler）所说的：

> 世界和平是否可能的这个问题，只能由熟知世界历史的人来回答。然而，熟知世界历史就意味着要了解人类过去的样子和未来的样子。大多数人永远都无法理解的是，预测未来历史是什么样子与预测未来历史可能会是什么样子之间存在着巨大的差异。和平是一种愿望，战争是一个事实，历史从来就没有关注过人类的愿望和理想。[46]

我要指出的是，这个问题的很大一部分可能源于我们看待文明和进步的方式，这种方式长期以来一直主要关注文明的社会、政治和物质维度，而忽视了其道德和其他维度。关于人类和我们文明的总体进展，露丝·麦克林（Ruth Macklin）与吉本的说法略有不同，露丝认为，"坚信技术已经进步是完全没有争议的；声称智力和理论已经进步在很大程度上是没有争议的；说审美或艺术已经进步是有一些争议的；而断言道德已经进步是极具争议的"[47]。

道德进步问题似乎是本书概述的文明所面临的主要挑战的核心。关于文明与战争之间的关系，我们可以看到两个潜在的自我毁灭过程。在这两个过程中，文明在一种自杀式的生命周期中蚕食自己。文明与战争之间的 【24】关系似乎是一个战争产生文明的过程，文明的组织和技术进步转而促进了更加血腥和更有效的战争，而这样的战争反过来又因过度扩张或内部崩溃而最终导致文明的消亡。实际上，这描述的是一种恶性循环，在其中，文明最大的敌人最终是其自身。

正如在接下来的章节中所看到的那样，关于文明与战争，汤因比、皮蒂林·索罗金、赖特和埃克哈特或多或少都从文明无力"应对利他主义和利己主义的伦理挑战"[48]的角度来看待这个问题。正如埃克哈特总结的那样，汤因比、索罗金和赖特得出了类似的结论，即"战争和文明是由优越感和自以为是所驱动的，这使得它们行为的破坏性被合理化和正当化"。此外，"这些行为的自毁性完全被自我中心和自以为是的自欺所掩盖，而这正是文明人的特点，他们倾向于相信自己天生优于他人，尤其是原始人"。

【25】埃克哈特提出了一个问题："没有战争，我们能有文明吗？"他的回答是一个"明确的'是'"，只要我们能克服"文明的专制性、利己性和强迫性，它们是制造战争的要素"。在这一点上，他同意汤因比、索罗金和赖特的呼吁，即"一个自我毁灭问题的道德解决方案"。所有人都同意，"我们可以通过重建文明来防止战争，这样我们的人际关系就会更加平等、无私和富有同情心"[49]。

这种呼吁偃武修文（alms）而不是穷兵黩武（arms）的做法，与道格拉斯·麦克阿瑟将军在 1951 年 4 月 19 日向美国国会发表告别演说时的敦促非常相似，他在演说中引用了自己在第二次世界大战接受日本投降后说的话：

> 如果我们不设计一些更伟大和更公平的制度，那么世界末日（armageddon）就要来了。问题基本上是神学上的，涉及精神复兴和人类品性的改善，来同我们过去 2000 年里在科学、艺术、文学，以及所有物质和文化发展方面所取得的无与伦比的进步相结合。
>
> 如果我们要拯救肉体，就必须要有这种精神。

在许多方面，关于文明与自然界之间的不稳定的和利用的关系，人们提出了类似的观点。就如施韦策所指出的那样，如果文明更多的是"肯定地对待世界和生活"和"具有道德性"[50]，包括"对所有生命负有无限的

【26】责任"[51]，而不是几乎不惜任何代价的进步、现代化、城市化和增长，那么，我们可能就会发现我们自己和我们的世界处于一个比现在更健康的状态。

总的来说，我认为公正的说法是，尽管随着时间的流逝，人类可以从一些自然的原始状态或未开化的或野蛮的或其他一些不文明的条件下取得许多进步，但人类赖以生存的文明之冰本来就很薄，并且它还不断受到我们自身破坏性行动的威胁，其中或许没有什么威胁比我们的战争倾向更严重。

注释①

1.William Eckhardt，"Civilization，Empires，and Wars，" *Journal of Peace Research* 27，no.1（1990），9.

2.Antoine-Nicolas de Condorcet，*Vie de Voltaire*，引自 Lucien Febvre，"Civilization：Evolution of a Word and a Group of Ideas，" in *A New Kind of History*：*From the Writings of Febvre*，ed. P. Burke，trans. K. Folca（London：Routledge & Kegan Paul，1973），257，note 118.

3.Ira Meistrich，"War's Cradle：The Birthplace of Civilization is also the Home of Culture's Nemesis，" *MHQ*：*The Quarterly Journal of Military History* 17，no.3（2005），85.

4.Walter Benjamin，*Illuminations*，ed. Hannah Arendt（New York：Schocken Books，1969），256.

5.Arnold J. Toynbee，*War and Civilization*，selected by A. V. Fowler from *A Study of History*（London：Oxford University Press，1951）.

6.William Eckhardt，"Civilization，Empires，and Wars，" 9.

7.参见 Brett Bowden，*The Empire of Civilization*：*The Evolution of an Imperial Idea*（Chicago and London：University of Chicago Press，2009）。

8.Emile Benveniste，"Civilization：A Contribution to the History of the 【27】 Word，" in *Problems in General Linguistics*，trans. Mary Elizabeth Meek（Coral Gables，FL：University of Miami Press，1971），289.

9.Samuel P. Huntington，"The Clash of Civilizations?" *Foreign Affairs* 72，no.3（1993），22–49；Samuel P. Huntington，*The Clash of Civilizations and the Remaking of World Order*（London：Touchstone Books，1998）.

10.Jean Starobinski，"The Word Civilization，" in *Blessings in Disguise*；or *The Morality of Evil*，trans. Arthur Goldhammer（Cambridge，MA：Harvard University Press，1993），2–5，quote at 5；emphasis in

---

① 为了忠实于原著，便于读者阅读与查考，在翻译的过程中，本书注释格式均与原著保持一致。——译者注

original.

11. 参见 Brett Bowden, "The Ideal of Civilization: Its Origins and Social-Political Character, " *Critical Review of International Social and Political Philosophy* 7, no.1（2004）, 25–50; Bowden, *The Empire of Civilization*; Brett Bowden（ed.）, *Civilization: Critical Concepts in Political Science*, four volumes（London and New York: Routledge, 2009）, vol.1。

12.Thomas Hobbes, *Leviathan*, ed. C. B. Macpherson（Harmondsworth: Penguin, ［1651］1985）, 186.

13.Hobbes, *Leviathan*, 683; emphasis in original.

14.Albert Schweitzer, *The Decay and the Restoration of Civilization: The Philosophy of Civilization. Part I*, trans. C. T. Campion, second edition （London: A. & C. Black Ltd, 1947）, viii.

15.Albert Schweitzer, *Civilization and Ethnics*, trans. C. T. Campion （London: Unwin Books, ［1923］1967）, 20.

16.Schweitzer, *The Decay and the Restoration of Civilization*, ix.

17.Schweitzer, *Civilization and Ethnics*, Chaps.21 and 22, "The Ethic of Reverence for Life, " 212–31, and "The Civilizing Power of the Ethic of Reverence for Life, " 232–44. 也可参见 Predrg Cicovacki, "Rrverence for Life: A Moral Value or the Moral Value?" *LYCEUM* 9, no.1（Fall 2007）, 1–10。

18.Schweitzer, *Civilization and Ethnics*, 215.

19.Sigmund Freud, *Civilization and its Discontents*, trans. Joan Riviere （London: The Hogarth Press and the Institute for Psycho-Analysis, 1975）, 26–33.

20.Starobinski, "The Word Civilization, " 4; emphasis in original.

21.Robert Nisbet, *History of the Idea of Progress* （London: Heineman, 1980）, 9.

22.Nisbet, *History of the Idea of Progress*, 4.

23.Starobinski, "The Word Civilization, " 33–34; emphasis in original.

24. 参见 Brett Bowden, "In the Name of Progress and Peace: The

【28】

'Standard of Civilization' and the Universalizing Project," *Alternatives*: *Global*, *Local*, *Political* 29, no. 1（2004）, 43–68; Bowden, *Empire of Civilization*。

25.François Guizot, *The History of Civilization in Europe*, trans. William Hazlitt（Harmondsworth: Penguin, [1828] 1997）, 16–18; emphasis in original.

26.Guizot, *History of Civilization in Europe*, 16–18.

27.J. B. Bury, *The Idea of Progress*: *An Inquiry into its Origin and Growth*（New York: Dover Publications, 1960）, 2.

28.Bury, *The Idea of Progress*, 5.

29.Quincy Wright, *A Study of War*, second edition（Chicago and London: University of Chicago Press, 1965）, 3.

30.Carl von Clausewitz, "Note of 10 July 1827," in *On War*, eds. and trans. Michael Howard and Pater Paret（Princeton, NJ: Princeton University Press, 1989）, 69; emphasis in original.

31.Clausewitz, *On War*, 75; emphasis in original.

32.Karl W. Deutsch, "Quincy Wright's Contribution to the Study of War: A Preface to the Second Edition," in Wright, *A Study of War*, xi.

33.Brian Orend, "War," *The Stanford Encyclopedia of Philosophy*（Fall 2008 Edition）, ed. Edward N. Zalta, <http: //plato.stanford.edu/archives/fall2008/entries/war/>. 也可参见 Alex J. Bellamy（ed.）, *War*: *Critical Concepts in Political Science*, four volumes（London and New York: Routledge, 2008）。

34.Clausewitz, *On War*, Book 2, Chap. 3, 149; emphasis in original.

35.Meistrich, "War's Cradle," 85.

36.Lawrence H. Keeley, *War before Civilization*: *The Myth of the Peaceful Savage*（New York: Oxford University Press, 1996）. 也可参见【29】David Livingston Smith, *The Most Dangerous Animal*: *Human Nature and the Origins of War*（New York: St Martin's Press, 2007）; Jean Guilaine and Jean Zammit, *The Origins of War*: *Violence in Prehistory*, trans. Melanie

Hersey（Malden, MA：Wiley-Blackwell, 2005）。

37.Christopher Lehmann-Haupt, "Even in Eden, It Seems, War Was Hell," *New York Times*, July 18, 1996.

38.Oswald Spengler, "The Fraud of Primitive Authenticity," *Asia Times Online*, July 4, 2006. www.atimes.com. 文章是尼克拉斯·韦德（Nicholas Wade）的一篇评论，Nicholas Wade, *Before the Dawn：Recovering the Lost History of Our Ancestors*（New York：Penguin, 2006）。

39.参见Johannes Fabian, *Time and the Other：How Anthropology Makes its Object*（New York：Columbia University Press, 1983）。

40.Friedrich von Schiller, "The Nature and Value of Universal History：An Inaugural Lecture［1789］," *History and Theory* 11, no. 3（1972）, 325.

41.Edward Gibbon, *The Decline and Fall of the Roman Empire*, abridged by D. M. Low（Harmondsworth：Penguin Books with Chatto & Windus, 1963）, 530.

42.Kevin G. Kinsell, "Changes in Life Expectancy 1900–1990," *American Journal of Clinical Nutrition* 55（1992）, 1196S–1202S. 也可参见 Oded Galor and Omer Moav, "Natural Selection and the Evolution of Life Expectancy"（October 12, 2005）. Minerva Center for Economic Growth Paper no. 02–05. <http：//ssrn.com/ abstract=563741>。

43.*World Urbanization Prospects：The 2005 Revision*（New York：United Nations Department of Economic and Social Affairs, Population Division, 2005）.

44.Angus Maddison, *The World Economy*, vol. 1：*A Millennial Perspective*, vol. 2：*Historical Statistics*（Paris：OECD Publishing, 2006）.

45.Zbigniew Brzezinski, *Out of Control：Global Turmoil on the Eve of the 21st Century*（New York：Touchstone, 1995）. 也可参见 R. J. Rummel, *Death by Government*（New Bruswick, NJ：Transaction Publishers, 1994）。

46.Oswald Spengler，"Is World Peace Possible?" in *Selected Essays*，【30】 trans. Donald O. White（Chicago：Henry Regnery Company，1967），205.

47.Ruth Macklin，"Moral Progress，" *Ethics* 87，no. 4（1977），370。

48.Eckhardt，"Civilizations，Empires，and Wars，" 12.参见 Arnold Toynbee and Daisaku Ikeda，*Choose Life：A Dialogue*（New York：I. B. Tauris，［1976］2007）；and Pitrim A. Sorokin，*The Ways and Power of Love：Types，Factors，and Techniques of Moral Transformation*（West Conshohocken，PA：Templeton Foundation Press，［1954］2002）。

49.Eckhardt，"Civilizations，Empires，and Wars，" 22–3.

50.Schweitzer，*The Decay and the Restoration of Civilization*，viii.

51.Schweitzer，*Civilization and Ethics*，215.

第二章　文明与和平

如绪论中提及的那样，在 1951 年 4 月 19 日向国会发表告别演说时，麦克阿瑟将军复述了在 1945 年 9 月 2 日密苏里号战列舰上接受日本投降时他的讲话：

> 人类从一开始就寻求和平。古往今来，人们尝试用各种方法来设计一条国际性的途径去阻止或解决国家之间的争端。就个体公民而言，一开始就找到了切实可行的方法，但对更大范围的国际来说，还没有一种手段是成功的。军事联盟、权力制衡、国家联盟等这些方法都依次失败了，唯一留下的一条道路就是经受战争的磨炼。

他接着说，随着核武器的出现，这个"战争的终结者现在阻碍了这种选择。这已经是我们最后的机会了。如果我们不能设计一些更强大、更公平的制度，世界末日必将来临"。对麦克阿瑟而言，战争祸害的永久性威胁很大程度上归因于人类基本的道德缺陷。为了消除世界战争，他认为迫

切需要大规模的"精神复兴和人类品性的改善，来同我们过去 2000 年里在科学、艺术、文学，以及所有物质和文化发展方面所取得的无与伦比的进步相结合。如果我们要拯救肉体，就必须要有这种精神"。

在大致相同的历史时刻，汉斯·摩根索（Hans Morgenthau）在其《国家间政治》（*Politics among Nations*）中写道："一代人之内的两次世界大战和核战争的潜在威胁使得建立国际秩序和维护国际和平成为西方文明的头等大事。"事实上，不仅西方国家关注秩序与和平，"维护和平已经成为所有国家的头等大事"[1]。他承认这不是最近才意识到的事情，他补充说，"战争总是被当作一种灾难而被人们所憎恶"，这就是为什么每一代人中都有那么多思想先行者运用他们非凡的智慧去消除世界战争。例如，摩根索指出：

16世纪的伊拉斯谟（Erasmus），17世纪的萨利（Sully）、伊墨里克·克鲁塞（Éméric Crucé）、雨果·格劳秀斯（Hugo Grotius）和威廉·佩恩（William Penn），18世纪的阿贝·圣-皮埃尔（Abbé de Saint-Pierre）、卢梭、边沁（Bentham）和康德都是19世纪和20世纪为解决国际秩序与和平问题而进行实践尝试的伟大思想先驱。[2]

摩根索补充说道，支撑这些"尝试建立一个稳定且和平的国际秩序"的"道德之本"（moral root）"可以从西方世界过去几个世纪所能看到的人道（humaneness）和人类关系的文明特征都有所增长中发现"。这种【33】人道和文明行为则是由一种领悟所激发起来的，即意识到战争的人类代价妨碍了"要求尊重人的生命和促进人类福祉的启蒙哲学和自由主义政治理论"。摩根索更进一步解释说，这种发展背后的一个重要"智力要素"（intellectual factor）是"商业阶级首先在社会领域，随后在政治领域重要性的提升。商业和科学精神也随之崛起，这种精神深惧战争和无政府状态，认为这是对市场的可计算运作的非理性干扰"[3]。简而言之，摩根索想强调的是，战争的代价被认为越来越高，不仅仅对人命而言，而且对商业损失和更广的经济破坏来说也是如此。

我们在此处探讨的这种精神或道德的觉醒实际上是启蒙运动的价值、原则和制度被广泛接纳的最好明证。这些新兴的自由价值观以及相关的民主程序和制度越来越被视为文明的西方社会各国之间始终有序与和平的基础和支撑。这个思想的总思路已经存在一段时间了，其核心观点就是不管是在国内事务还是在国际关系上，文明社会和爱好和平之间有着一【34】种直接的关联。例如，这样的思想在18世纪末期弗里德里希·冯·席勒（Friedrich von Schiller）的著述中能够看到，在其中，席勒认为，文明的"欧洲各国社会似乎变成了一个大家庭；它的成员之间可能还存在着不和，但它们不再相互撕扯"[4]。美国法律学者阿尔菲斯·亨利·斯诺（Alpheus Henry Snow）部分引用19世纪早期法国公众人物安东尼·罗杰尔（Antoine Rougier）的话时指出了这种社会的有序本质：

> 那些国家认识到它们自己有义务履行职责，这些职责是所有有组织国家存在所必需的，即通过一个正规的政府维持秩序与正

义，以及确保居民人权来"创建一个共同体或社会，过去称之为基督教国家共同体，现在称之为文明国家共同体"。[5]

席勒和斯诺所描绘的那种文明国家的有序且和平的共同体就是后来亨得利·布尔（Hedley Bull）所提及的国际社会（international society）或国家集团：

> 国家集团（或者在更一般意义上称为一群独立的政治团体）不仅仅构建了一种体系，即在某种意义上每个国家的行为都是其他国家制订计划的一个必要因素，而且通过对话和协商建立起了处理其关系的共同规则和制度，并且认识到它们在维持这些安排上的共同利益。[6]

【35】 正如安德鲁·林克雷特阐释的那样，国家社会（societies of states）是"各国探索（全球）文明化进程前景的舞台"，并且使得"人们能够没有杀戮、伤害、贬损和以其他方式一再相互伤害地生活在一起的安排"[7]成为可能。要创建这类有序的社会，布尔认为不需要社会文化的认可或包容，相反，他认为一个多元化的国际社会只需要它的成员国拥有主权且愿意开展外交活动。这与马丁·赖特（Martin Wight）的团结主义思想（solidarist conception）形成了鲜明的对比。在赖特的思想中，基督教文明和更广泛的西方价值观是国际社会各国家间秩序与和平的基石（bedrock）。[8]

随着15世纪后期欧洲征服他国的一些国家的领土扩张，以及基于1648年《威斯特发里亚和约》①创建起来的欧洲国家体系的后续扩展，到20世纪中期的后殖民时代，布尔的国际社会多元化思想在全球范围内越来越被认可。[9]然而，它是一个更加强调团结发展的国际社会思想，这种思想由启蒙运动和与西方文明相关的价值观和制度（自由民主治理、人权和法制、自由的市场经济、科学技术的功效）所支撑，被认为最有可能带来国家间的和平和更广泛的世界和平。[10]如同孔多塞在18世纪后期所描绘的

【36】 情况，"文明在地球上传播得越广，我们就越可能看到战争和争端走向消

---

① 《威斯特发里亚和约》是指1648年5月至10月间在威斯特发里亚地区内的奥斯纳布吕克和明斯特签订的一系列条约，标志着欧洲一系列宗教战争的结束。《威斯特发里亚和约》结束了欧洲历史上有近800万人丧生的动荡时期。学者普遍认为，《威斯特发里亚和约》的签订标志着基于威斯特发里亚主权概念的现代国际体系的开始。——译者注

亡"[11]。换句话说，人们普遍认为，现在被我们称之为西式自由民主文明的传播和接受将终结战争和腐败，并将和平和繁荣扩展到全球。[12]

虽然对许多人来说，这听起来似乎是一个合理甚至令人钦佩的愿望，但在下一个章节，我将质疑在这样的基础上实现世界和平是不是切实可行的。不过，在我开始质疑之前，我将在这一章的剩余部分概述和总结文明作为通往和平之路的理由。

和平的虚构

如上所述，或者如迈克尔·霍华德（Michael Howard）反复说的那样，"由启蒙思想家所构造出来的和平是一种国际秩序，战争在其中不起任何作用，综观历史，和平一直是远见卓识者的共同愿望"。"只是在过去的 200 年里"——随后的章节证实了这是人类历史上最血腥、最残暴的两个世纪——世界和平"已经被政治领袖视为一个切实可行或确实令人向往的目标"。【37】正是在这一时期，和平愿景（the prize of peace），或者说"基于战争已被消除的社会秩序的想象"，已经从"说服狮子和羊羔躺在一起的千年预卜"的理想国（realm）转变成了"那些将事情掌握在自己手中的理性人类的预想"[13]。

这种实践世界和平方法背后的理论基础和驱动力深受康德关于在一个由共和或自由民主国家构成的国际社会或国际大都会（*ius cosmopoliticum*）中实现"永久和平"（perpetual peace）的思想的影响。简而言之，人们仍然普遍认为自由民主和市场经济代表着治理任何社会的最好方式。同样重要的是，人们也同样普遍认为自由民主政体之间不会相互攻伐。正如自由民主被视为一种普遍适用和期望的治理原则一样，有人认为民主传播得越广，实现和平的世界秩序的可能性就越大。[14]

这种国际秩序与和平的模式被一些人称为"民主三段论"（democratic syllogism）[15] 或"康德三脚架"（Kantian Tripod）[16]。自由／民主和平理论是这个三段论中的首要主张，它被认为是政治科学家在国际关系领域中能够做出的少数"非凡的"（non-trivial）主张之一。例如，基于一项对发生在过去两个世纪中的战争的考察，杰克·列维（Jack Levy）声称，撇开"边【38】际偏差"（marginal deviations）不谈，在涉及大国的战争中"民主国家之间从来没有对立过"。这使得他认为，"民主国家之间没有战争，这与国际关系中的一个经验法则非常接近"[17]。同样的，布鲁斯·拉西特（Bruce Russett）暗示说，民主和平理论是"关于国际关系的最强有力的非凡且非同义反复的概括之一"[18]。约翰·罗尔斯（John Rawls）也认为自由民主和平的"假设是正确的"；正是如此，《万民法》（*The Law of Peoples*）"展示"（underwrites）了他的"基本思想"，即"循着康德《永久和平论》的引领"，只要建立一个国际体系就能够使和平联邦或和平的"现实乌托邦"成为可能。[19]

这个三段论的第二个要素是民主和经济发展之间的关系：民主被视为政府促进经济发展的最好形式；而促进或维持稳定的民主的最佳方式就是持续的经济增长。[20]这个三段论的第三个和最后一部分关涉以商业与经济之间相互依赖的纽带来推进和平事业。在这方面，这个民主三段论与诺贝特·埃利亚斯（Norbert Elias）关于民主社会文明化的论述有许多共同之处，在其论述中，埃利亚斯写到了"人类关系"网络的扩大以及"社会行动及【39】其相互依赖链的延长"所产生的影响。"它是行为的'文明化'转变。"[21]自由/民主和平理论把这些相同的基本原则的应用范围扩大到全球领域，认为那些在商业和海外投资上有着复杂的相互依存关系的国家——这些国家在国际关系中可采取的行动范围也受制于国内公众舆论的限制——相对于使用暴力的高昂代价，更有可能去寻求和平的调解、协商或妥协。

类似于麦克阿瑟在美国国会的致辞，埃利亚斯明确提出从国内社会中消除暴力，并在其他地方提到"生活在一个国家内的人们之间的和解与文明已经取得了进展"。埃利亚斯接着说道，"一条奇怪的断层线贯穿了我们的文明"，这导致了"国内文明行为和文明经验的标准与国际关系存在明显的区别"。当涉及一个国家内部的人与人之间的关系时，暴力的来源"是禁忌（taboo），只要有可能，就要受到惩罚"；然而，涉及国际关系时，"盛行一种不同的标准"，即几乎所有强大的"国家都在持续地准备对其他国家行使暴力"。如果"这样的暴力行动发生了，实施这些行动的人会得到崇高的敬意。他们经常受到表扬和奖赏"。埃利亚斯总结道："如果【40】减少相互的肉体威胁或增加抚慰被视为衡量文明程度的决定性标准，那么可以说人类在国内事务中达到了比在国际层面上更高的文明水平。"[22]同样，

正如林克雷特进一步的解释那样，"对阻碍人类与他人认同的'幸存个体'
（survival units）的依恋并没有得到明显的削弱，这就提出了一个问题，即
在全球垄断力量缺乏的情况下，跨国的团结一致会发展到何种程度"[23]。
这些结论有助于解释为什么近几个世纪中灌输文明的践行方法在全球范围
内日益增加，因为人们寄希望于这种方法能够加速国际秩序与和平的事业
发展。

国家间的和平

　　大约在康德论述他的和平主张的同一时间，孔多塞同样为人类的未来
描绘了一幅愿景。无论是在国内还是在全球范围内，这幅愿景都以"睦邻
友邦"（brotherhood of nations）间的平等主义与和谐的永久和平为标志。
他期待有一天"所有的国家都将知道，除非他们失去他们自己的自由，否
则他们不能征服其他国家"；他期待有一天随着"商业偏见"（mercantile
prejudices）的消失，"永久联盟"（permanent confederations）能确保独立
和安全。孔多塞所设想的是一个"世界各国最终在政治和道德的原则上达
成一致"的时代。他认为那时，也只有那时，"将不存在什么东西能够鼓 【41】
励或激发战争的怒火"[24]。孔多塞认为最可接受和普遍适用的政治和道德
的原则就是典型的自由主义原则，因为他的"素描"被描述为"那个时代
的理想和希望的表达：人道主义、世界大同主义、相信理性的力量和人
性的内在善良，更重要的是，对进步的信心"[25]。尽管诸如孔多塞、托马
斯·潘恩（Thomas Paine）等思想家都有断言[26]，但玛莎·努斯鲍姆（Martha
Nussbaum）坚持认为"康德比任何其他启蒙思想家更有影响力，他捍卫了
一种基于理性而非爱国主义或群体情感的政治，一种真正的普遍主义而非
社群主义的政治"[27]。尽管这是否是一个准确的描述是有疑问的，然而，
断言康德——被霍华德称为"不仅仅是一个虔诚愿景"[28]的和平的发明
者——仍然是许多后来关于自由/民主和平的可能性之思考和理论化的智
慧性参考，是合理的。
　　康德所设想的人类进步的最终目标类似于"永久和平"的理想。在他
的《普遍历史观》（*Idea for a Universal History*）中，他写道，"自然的最

高目标"只有在一个"完全公正的公民政体"[29]——共和政体——之下"拥有最大自由的社会"中才能实现。这一点在《永久和平论》中被再度强调，

【42】 康德在其中言道，这个"唯一源自原始契约思想和一个民族的所有司法程序必须依据的政体就是共和"。它基于"社会所有成员的自由原则（作为人）"，"所有人依赖单一共同立法的独立原则（作为主体）"，以及"决定他们平等的法律（作为公民）"。[30]对康德来说，"现在唯一的问题"就是：共和政体"也是一个能够实现永久和平的政体吗"？他肯定地说，事实上，"共和政体，除了纯净的起源外……也为期望的结果提供了一个可观的前景，如永久和平"。

> 原因在于：如果需要公民的同意才能决定宣战（在这部宪法中，情况必然如此），那么，最自然不过的是，他们在开启这个把战争的灾祸都判给自己的糟糕游戏时会非常谨慎。[31]

再者，共和国家之间的和平是有保障的，因为：

> 在国际联盟中，即使是最弱小的国家也能期望安全和公正，不是源自它自己的武力和它自己的法令，而仅仅源自这个伟大的国际联盟，源自以它们联合意愿的法令为基础做出行动决定的统一力量。

康德进一步说，"无论这个观点看上去多么滑稽可笑，正如它被皮埃

【43】 尔和卢梭等所嘲讽的那样，或许是因为他们认为它太接近现实"，各国最终被迫"放弃它们如野兽般的自由，并去寻求合法政权之下的安宁"。因而，本质上，康德的主张是共和政府的扩张、共和政体国家之间贸易关系的扩展，以及它们之间的国际法评判是确保一个有序且和平的国际社会的最佳方式。这些文明化的条件越被广泛地接受，实现一个日益和平的世界秩序的可能性就越大。康德把这种秩序称之为"一个万能的国际环境，在其中，万事万物（Nature）的最终目的是其自身"。[32]

世界和平的前景，或者如拉斯－埃里克·塞德曼（Lars-Erik Cederman）所说的康德式"民主间和平"，部分是基于康德的主张，即共和或民选领袖都被迫"在开战之前考虑人民的和平偏好"。不仅如此，塞德曼还认为，在康德那里，"民主的影响不只限于这个简单的成本效益机制"，相反，康德"找不到这种不断扩散的规范不得不止于民主国家边界

上的原因"。正如塞德曼所说,一旦"这个规范性进步的道路被打开,法的规则就必将悄然地进入国家间的关系中",这将避免或至少会减少诉诸威胁或暴力对抗的趋势。[33] 在这一点上,康德是自由国际主义者争论的一个重要源头。这个争论就是国内的政治实践本质是国家在国际层面政治实践方式的一个关键的决定性因素。[34] 用康德的话来说,如果在"政治体"【44】中有"更多的宽容和更少的冲突",那么"最终这种情况也将延伸到国家之间的对外关系,直到实现世界主义社会(cosmopolitan society)"。[35] 而且,正如社会中人与人之间的"对抗",或康德所称的"反社会社交","到最后却成为人与人之间合法秩序的根源"。[36] 布鲁斯·布希曼(Bruce Buchan)表达了相同的观点,即"在康德看来,处于国际自然状态的国家之间的相互对立将把文明进程推向全球舞台"[37]。

贸易与和平

鉴于商业和经济相互依存的文明特性,企业长期以来被看作一个文明的、相互依赖的世界的必要组成部分。例如,大约在基督时代,亚历山大的斐洛(Philo of Alexandria)认为商业是一种"保持社会关系的自然愿望"的表达,而二世纪(the first-century)的历史学家卢修斯·安纳尤斯·弗罗鲁斯(Lucius Annaeus Florus)声称:"如果你破坏了商业,你就破坏了维系人类的联盟。"[38] 同样地,孟德斯鸠(Montesquieu)在《论法的精神》(*The Spirit of the Laws*)中说道,贸易能够"连接国家"且"和平是贸易的自然结果。两个相互交往的国家会变得相互依赖"。而且,他进一步说,"贸易是消除最具破坏性偏见的良方……那么,如果我们现在的习俗不【45】像往昔那样凶残了,对此我们不必感到惊讶"[39]。更近一些,大卫·李嘉图(David Ricardo)认为,"在处于一种相对自由贸易体系之下"的国家之间,"个体利益的实现是与整体的普遍利益紧密联系在一起的",因此,"贸易扩大了普遍利益,并通过利益互惠的共同纽带将整个文明世界的民族国家捆绑在一起"。[40]

对康德来说,商业与文明之间的联结被解释为"与战争不相容的""商业精神",而正是这种精神"迟早将在每个国家中占据上风"。为什么?

因为尽管存在某种不确定性，但"金钱的力量或许仍然是国家权力之下所有力量（手段）中最可靠的"。因此，假设商业以持续经济繁荣的名义被认为对所有缔约方是有益的，那么，"各国将会发现它们自己在没有任何道德驱动的情况下被迫去增进体面的和平，并通过调解来防止在任何地方都可能爆发的战争"[41]。商业、民主与和平之间的联结最近被概括为温和的"民主价值观"，这种观念源于"发达市场经济中普遍存在的契约规范"[42]。但是，正如在后续章节中所强调的那样，文明的民主国家并不一【46】定天生就是和平的，正如我在其他地方所指出的那样，这与商业促进相互依存并因此减少诉诸战争的可能性的论点相反，西班牙人就是以侵犯所谓的合法贸易权利作为对新大陆印第安人发动战争的理由。[43]

同样道理，列宁（Lenin）说过，"毫无疑问，每个人通常都是偏爱和平的，包括基奇纳（Kitchener）、约瑟夫（Joffre）、兴登堡（Hindenburg）和血腥的尼古拉①（Nicholas the Bloody），因为他们每个人都希望终结战争"[44]。然而，正如 E. H. 卡尔（E. H. Carr）在提到列宁的文章时指出，"和平本身是一个毫无意义的目标"。在解释和平为什么不是一项政策时，卡尔指出，"在第一次世界大战之后的 15 年里，每个大国（或许除了意大利之外）都是一而再地在口头上支持这一信条，即宣布和平是其政策的主要目标之一"[45]。他接着指出，"和平的共同利益掩盖了这个事实，即一些国家希望维持这种政治现状（*status quo*），从而不需为此而奋斗，而另一些国家则希望改变这种现状，从而不必为此再奋斗"。而且：

> 认为世界利益和每个国家的利益在和平上是可以区分开的，这是一个乌托邦式的假设。这个假设让世界各地的政治家和政治作家回避了一个令人不快的事实，即希望维持现状的国家和希望改变现状的国家之间存在着根本的利益分歧。[46]

---

① "血腥的尼古拉"——俄罗斯帝国的末代沙皇尼古拉二世·亚历山德罗维奇。在他执政期间发生了一起血腥事件，即"流血星期日"，又称"一月大屠杀"，是于 1905 年 1 月 22 日（俄历 1 月 9 日）发生在俄罗斯圣彼得堡沙皇军警野蛮枪杀前往冬宫向沙皇呈递请愿书工人的事件，这起事件致使 1000 多人被打死，几千人受伤，此次屠杀也成了日后俄国 1905 年革命的导火索。——译者注

结论 【47】

显然，和平尚未遍布全世界，但总的目标仍然是发展和扩大一个由适当统一的、自由民主的国家组成的国际社会，国家之间进行合作和联合，以建立一个文明的、全球化的、自由的和世界主义的全球秩序。[47]自由/民主和平理论在追求这样一种世界秩序上已经变得如此有影响力，以至于它已经嵌入了国内外政策以及更广泛的国际公共政策制定的决策中。[48]它的影响力已经超越了学术理论的领域，例如，我们可以看到当时的联合国秘书长布特罗斯·布特罗斯－加利（Boutros Boutros-Ghali）在《和平议程》（*An Agenda for Peace*）中强调，"所有层次的民主都是一个繁荣和正义的新时代获得和平所必需的"[49]。考虑到"自由之家"（Freedom House）将20世纪描述为"民主的世纪"[50]以及民主的传播速度，迈克尔·道尔（Michael Doyle）明显在康德思想的引领下已经预测出"全球和平最早应该在2113年实现"[51]。但是，正如后续章节所解释的那样，20世纪也是人类历史上最血腥、最暴力且饱受战乱的一个世纪，这就引发了一个最重要的问题：难道在自由/民主和平到来之前，我们就必须要忍受剧烈的文明风暴吗？或者这暗示着一个完全不同的结论？

注释 【48】

1.Hans J. Morgenthau，*Politics among Nations*：*The Struggle for Power and Peace*，fourth edition（Now York：Alfred A. Knopf，1967），372，22.

2.Morgenthau，*Politics among Nations*，373. 他指出（在第373页），在这些实践的"尝试中，神圣同盟、1899年和1907年海牙和平会议、国际联盟和联合国都是突出的例子"。

3.Morgenthau，*Politics among Nations*，374.

4.Friedrich von Schiller. "The Nature and Value of Universal History：An Inaugural Lecture［1789］，" *History and Theory* 11，no. 3（1972），327.

5.Alpheus Henry Snow，*The Question of Aborigines in the Law and Practice of Nations*（New York：G. P. Putnam's Sons：The Knickerbocker

Press，1921），315–16.

6.Hedley Bull and Adam Watson，"Introduction，" in *The Expansion of International Society*，eds. Hedley Bull and Adam Watson（Oxford：Clarendon Press，1984），1. 也可参见 Hedley Bull，*The Anarchical Society*：*A Study of Order in World Politics*，second edition（London：Macmillan，1995），13。

7.Andrew Linklater，"Global Civilizing Processes and the Ambiguities of Human Interconnectedness，" *European Journal of International Relations* 16，no. 2（2010），167.

8.Hedley Bull，"The Grotian Conception of International Society，" in *Diplomatic Investigations*，eds. Herbert Butterfield and Martin Wight（London：George Allen & Unwin，1966），51–73；Martin Wight，"Western Values in International Relations，" in *Diplomatic Investigations*，eds.Herbert Butterfield and Martin Wight（London：George Allen & Unwin，1966），89–131.

9.Hedley Bull，"The Emergence of a Universal International Society，" in *The Expansion of International Society*，eds. Hedley Bull and Adam Watson（Oxford：Clarendon Press，1984），117–26.

10. 正如约翰·格雷所指出的，启蒙运动的重要思想家们"从未怀疑【49】过世界上每个国家的未来应该是接受西方制度和价值观的某个版本……所有这些思想家都主张创建一个单一的世界文明，在这个文明中，过去的各种传统和文化都被建立在理性基础上的新的、普遍的社会所取代"。参见 John Gray，*False Dawn*：*The Delusions of Global Capitalism*（London：Granta Books，1998），2；John Gray，*Enlightenment's Wake*：*Politics and Culture at the Close of the Modern Age*（London and New York：Routledge，1995）。

11.Antoine-Nicolas de Condorcet，*Vie de Voltaire*，引自 Lucien Febvre，"Civilization：Evolution of a Word and a Group of Ideas，" in *A New Kind of History*：*From the Writings of Febvre*，ed. P. Burke，trans. K. Folca（London：Routledge & Kegan Paul，1973），257，note 118。

12. 莱斯利·利普森（Leslie Lipson）是第一个详细探索民主文明理念的人，著有《民主文明》（*The Democratic Civilization*）（New York：Oxford University Press，1964）。最新的研究参见 Sujai J. Shivakumar，

"Towards a Democratic Civilization for the 21st Century," *Journal of Economic Behavior & Organization* 57，no. 2（2005），199–204。

13.Michael Howard，*The Invention of Peace：Reflections on War and International Order*（London：Profile Books，2000），2，6.

14. 参见 Amartya Sen，"Democracy as Universal Value," *Journal of Democracy* 10，no. 3（1999），3–17；Michael W. Doyle，"Liberalism and World Politics," *American Political Science Review* 80，no 4（1986），1151–69；Michael W. Doyle，"Kant，Liberal Legacies，and Foreign Affairs，Part 1," *Philosophy and Public Affairs* 12，no. 3（1983）205–35；Michael W. Doyle，"Kant，Liberal Legacies，and Foreign Affairs，Part 2," *Philosophy and Public Affairs* 12，no.4（1983），323–53；Arie M. Kacowicz，"Explaining Zones of Peace：Democracies as Satisfied Powers?" *Journal of Peace Research* 32，no. 5（1995），265–76. Cf. Brett Bowden，"In the Name of Progress and Peace：The 'Standard of Civilization' and the Universalizing Project," *Alternatives：Global，Local，Political* 29，no.1（2004），43–68。

15.Francis Fukuyama，"Second Thoughts：The Last Man in a Bottle," 【50】 *The National Interest* 56（Summer 1999），17.

16.Bruce Russett，John R. Oneal and David R. Davis，"The Third Leg of the Kantian Tripod for Peace：International Organizations and Militarized Disputes，1950–85," *International Organization* 52，no. 3（1998），441–67.

17.Jack S. Levy，"Domestic Politics and War," *Journal of Interdisciplinary History* 18，no. 4（1988），662. 鉴于列维（662，注14）所接受的民主或自由政权的变量特别广泛，他并不区分这两者，该法律的坚定性值得怀疑。即他所说的民主包括"①定期选举和反对党的自由参与，②至少10%的成年人能够投票支持，③一个由行政部门控制或参与的议会"。

18.Bruce Russett，*Controlling the Sword：The Democratic Governance of National Security*（Cambridge，MA：Harvard University Press，1990），123.

19.John Rawls，*The Law of Peoples*（Cambridge，MA：Harvard

University Press，1999），54，10.

20.Fukuyama，"Second Thoughts，" 18.

21.Norbert Elias，*The Civilizing Process*，trans. Edmund Jephcott，revised edition（Oxford：Basil Blackwell，2000），370.

22.Norbert Elias，"Violence and Civilization：The State Monopoly of Physical Violence and its Infringement，" in *Civil Society and the State New European Perspectives*，ed. John Keane（London：Verso，138），181.

23.Linklater，"Global Civilizing Processes，" 164.

24.Antoine-Nicolas de Condorcet，*Sketch for a Historical Picture of the Progress of the Human Mind*，trans. June Barraclough（London：Weidenfeld and Nicolson，［1795］1955），194.

25.J. Salwyn Schapiro，*Condorcet and the Rise of Liberalism*（New York：Octagon Books，1963），260.

【51】　26. 参见 Thomas C. Walker，"The Forgotten Prophet：Tom Paine's Cosmopolitanism and International Relations，" *International Studies Quarterly* 44，no. 1（2000），51–72。

27.Martha C. Nussbaum，"Kant and Stoic Cosmopolitanism，" *Journal of Political Philosophy* 5，no.1（1997），3. 从另一个不同的角度看，"康德是民族主义的一个不为人们所熟知的源头之一"，参见 Isaiah Berlin，*The Sense of Reality：Studies in Ideas and Their History*，ed. Henry Hardy（London：Chatto & Windus，1996），232–48。

28.Howard，*Invention of Peace*，31. 如上所述，这并不是说康德是第一个考虑永久和平思想的人；正如他承认的那样，皮埃尔和卢梭都已经考虑并驳回了这一问题。参见 Rousseau，"Abstract and Judgement of Saint-Pierre's Project for Perpetual Peace［1756］，" in *Rousseau on International Relations*，eds. Stanley Hoffman and David P. Fidler（Oxford：Clarendon Press，1991），53–100。边沁也在他的"普遍永久和平计划"（London：Peace Book Co.［1786– 1789］1939）中表达了这种想法。

29.Immanuel Kant，"Idea for a Universal History from a Cosmopolitan Point of View［1784］，" in *Kant On History*，ed. Lewis White Beck

（Indianapolis：Bobbs-Merrill，1963），16.

30.Immanuel Kant，"Perpetual Peace［1795］，" in *Kant On History*，ed. Lewis White Beck（Indianapolis：Bobbs-Merrill，1963），93-4. 在这里（95-6），康德指出不要混淆共和宪法和民主宪法（就像通常做的那样）……正确地说，民主必然是一种专制。

31.Kant，"Perpetual Peace，" 94-5.

32.Kant，"Idea for a Universal History，" 19，23.

33.Lars-Erik Cederman，"Back to Kant：Reinterpreting the Democratic Peace as a Macrohistorical Learning Process，" *American Political Science Review* 95，no. 1（2001），16-17.

34. 参见 Andrew Moravcsik，"Taking Preferences Seriously：A Liberal 【52】 Theory of International Politics，" *International Organization* 51，no.4（1997），513-33；Boutros Boutros-Ghali，*Agenda for Peace*（New York：United Nations，1992）；Commission on Global Governance，*Our Global Neighborhood*（New York：Oxford University Press，1995）；Gareth Evans，*Cooperating for Peace*（St.Leonards：Unwin and Hyman，1993）。所有这些人的臆断都认为"国内和国际秩序之间存在联系，因此有理由加大对国内事务的干预"。参见 Michael N. Barnett，"Bringing in the New World Order：Liberalism，Legitimacy，and the United Nations，" *World Politics* 49，no.4（1997），536。

35.Immanuel Kant，"An Old Question Raised Again：Is the Human Race Constantly Progressing?［1798］" in *Kant On History*，ed. Lewis White Beck（Indianapolis：Bobbs-Merrill，1963），151.

36.Kant，"Idea for a Universal History，" 15.

37.Bruce Buchan，"Explaining War and Peace：Kant and Liberal IR Theory，" *Alternatives*：*Global*，*Local*，*Political* 27，no.4（2002），414.

38.参见Anthony Pagden，"Stoicism，Cosmopolitanism，and the Legacy of European Imperialism，" *Constellations* 7，no.1（2000），8.

39.Montesquieu，*The Spirit of the Laws*，trans. Thomas Nugent（New York：Hafner Publishing Company，［1748］1949），316，Book XX.

40.David Ricardo, *Principles of Political Economy and Taxation*, ed. E. C. K. Gonner（London：George Bell and Sons，1891），114.

41.Kant，"Perpetual Peace，" 114.

42.Michael Mosseau，"Market Prosperity, Democratic Consolidation, and Democratic Peace，" *Journal of Conflict Resolution* 44，no. 4（2000），472–507.

43.Brett Bowden，*The Empire of Civilization：The Evolution of an Imperial Idea*（Chicago and London：University of Chicago Press，2009）.

44.V. I. Lenin，"The Peace Question，" in *Collected Works/The Imperialist War：The Struggle Against Social Chauvinism and Social Pacifism*，trans.Moissaye J. Olcin，ed. Alexander Trachtenberg（International 【53】 Publishers Co.，1930），264［264–8］；emphasis in original.

45.E. H. Carr，*The Twenty Years' Crisis*，1919–1939，second edition（London：Macmillan，1954），52. 卡尔引述道，"和平必须胜利，必须先于一切"（布里安德国际联盟：第九届大会，83）。"维护和平是英国外交政策的首要目标"（伊登，国际联盟：第十六届大会，106）。"和平是我们最珍贵的财富"（希特勒于 1937 年 1 月 30 日在德国国会发表演讲，1937 年 2 月 1 日《泰晤士报》报道）。"苏联国际政策的主要目标是维护和平"（Chicherin in *The Soviet Union and Peace*（1929），249），"日本的目标，与宣传相反，是和平"（Matsuoka，League of Nations：Special Assembly 1932–33，iii，73）。卡尔认为，"意大利支持和平的声明很少，这可能是因为意大利军队作为战士的名声不好：墨索里尼担心任何强调和平的言论都将被解释为承认意大利不喜欢战争"。

46.Carr，*Twenty Years' Crisis*，52–3.

47.Mehdi Mozaffar，"The Transformationalist Perspective and the Rise of a Global Standard of Civilization，" *International Relations of the Asia-Pacific* 1，no. 2（2001），247–64.

48. 例如美国国务卿 Condoleezza Rice，"The Promise of Democratic Peace：Why Promoting Freedom Is the Only Realistic Path to Security，" *Washington Post*，December 11，2005，B07.

49.Boutros-Ghali，*An Agenda for Peace*，47. 值得注意的是，1982 年，罗纳德·里根总统在英国议会发起"全球民主发展运动"，这一政策延续到了老布什政府，比尔·克林顿在 1992 年竞选时重申了这一政策，并因此再次当选，随后由小布什政府在阿富汗、伊拉克和更广泛的中东地区推【54】行，并在很大程度上延续到了奥巴马政府。关于里根的演讲参见 1982 年 6 月 9 日的《纽约时报》；关于老布什的演说参见 Bruce Russett，*Grasping the Democratic Peace*（Princeton，NJ：Princeton University Press，1993），127–9；关于比尔·克林顿的评论参见 1992 年 8 月 14 日的《纽约时报》，以及他的 1994 年 1 月的国情咨文。

50.Freedom House，*Democracy's Century：A Survey of Global Political Change in the 20th Century*（New York：Freedom House，1999）.

51.Doyle，"Kant，Liberal Legacies，and Foreign Affairs，Part 2，" 352.

第三章　文明与战争

直觉告诉我们，我们会随着时间的推移变得越文明，或者我们从野蛮的自然状态中进步得越快，武装冲突的残暴和血腥事实就会变得越来越令人憎恶和反感，必须不惜一切代价予以避免。事实上，这是我们从霍布斯关于自然状态下生存的不确定性和短暂性的论述中获得的重要训示之一，在那种状态下，一切人反对一切人，虽然不一定总是与其他所有人交战，但至少已经为此做好或正在做准备。[1]另一方面，卢梭声称，自然状态是野蛮贵族们的游乐场，他们总体上来说能与他们的同胞和更普遍意义上的大自然和谐相处。只有随着文明的到来，伊甸园才被战争和其他与文明现代性相关的弊病所扰乱。正如卢梭雄辩地指出："第一个圈了一块地并对他人说'这是我的'且发现人们能够简单地相信他的那个人是文明社会的

真正奠基者。"他接着说，"曾经有个拔起木桩或填平沟渠的人向他的同类呼喊：注意听这个骗子的话，如果你忘记了果实是每个人的，地球不是任何人的，那你就被他骗了。如果人们听从了这个人，那么人类就会避免很多犯罪、战争、谋杀、痛苦和恐惧"[2]。考虑到这些截然不同的观点，经过深入研究两百万年来人类之间战争的起源和演变——实际上是整个人类文明的跨度，这在某种程度上要依据你对人类的定义——阿扎尔·加特（Azar Gat）在《人类文明中的战争》（*War in Human Civilization*）中认为，"霍布斯更接近真理"[3]。

战争情结

这一结论非常符合关于文明传播的假设，即文明传播能支撑一个更加有序与和平的文明国际社会，在这个社会中武装冲突越来越少。但是，文明与战争之间的联系真的就是一种简单的逆线性关系吗，还是有比这更复

杂的关联？梅斯特里奇的观点即文明与战争有一个共同的起源——"文明的发源地也是战争的发源地"——似乎表明一定存在更复杂的关系。正如梅斯特里奇所解释的那样，"战争所需要的大量资源和组织恰好只有文明才能提供，并且人们收获文明第一批果实的新月沃土上也孕育着战争獠牙的种子"[4]。哈利·霍尔伯特·特尼 – 海尔（Harry Holbert Turney–High）在《原始战争》（*Primitive War*）中表达了相同的观点："战争情结与其他【57】社会组织模式相吻合。"[5]密尔（J. S. Mill）在他的论点中强调了组织和社会凝聚力对发动战争的重要性："在原始社区中，每个人都是独立谋生的；除了在战争中（即使战争中也很不完美），我们很少看到许多人联合起来共同行动。"依据密尔的观点，不文明的人是"无法协调行动"的，而战争时期最需要合作能力了：

> 看看战争，一个野蛮民族最严肃的事情；看看从马拉松到现在，那些粗鲁的国家，或者半文明的和被奴役的国家对文明民族构成了多么大的威胁呀。为什么？因为纪律比数量更强大。纪律，即完美的合作，是文明的一个特征。[6]

这种说法隐藏了一种可能性，即世界上一些被认为不太文明的民族是低效和无影响力的战争制造者，因为他们由于长久的和平以及对战争和武力冲突的厌恶而不太习惯于战争，正如卢梭所暗示的那样，也正如基利试图反驳的那样。[7]

依据诸如密尔等人的观点，只有文明社会才具有成为高效战争制造者所需要的组织能力和职业分层。正如汤因比所阐释的那样，"发动战争的可能性预先设定了最低限度的技术、组织和超出维持生存所需的剩余财【58】富"[8]。同时，有点奇怪的是，人们认为制造战争是文明之珠生长并获得光彩的那个至关重要的沙砾。例如，英国人类学家罗伯特·马瑞特（Robert Marrett）在 20 世纪早期就声称，"在进化的某个阶段——可以说是中间阶段——战争是首要的文明化机制"[9]。昆西·赖特在他的巨著《战争研究》（*A Study of War*）中得出了一些相似的结论，"原始战争是文明发展的一个重要因素。它培育了勇气、忠诚和遵从的美德；它创造了坚实的群体以及扩大这些群体范围的方法，所有的这些都是随后创造文明所不可或缺的"[10]。基于他自己的研究，以及他对赖特、汤姆·布罗奇（Tom Broch）和约翰·加尔通（Johan Galtung）的论著[11]进一步的分析和研究，埃克哈特认为，"人类学的证据"指向了这样的事实，"即原始战争是人类发展的一个机能而不是人类的天性或本性"。他进一步认为，"只有在我们定居下来务农和放牧之后，土地对我们来说才变得重要起来，因而才有了值得为之战斗的东西"。[12]以相同的方式，霍布斯解释了契约性文明社会的产生过程及其结果，而埃克哈特则指出：

【59】 农业革命是如何使食物剩余成为可能的。食物剩余使人类的生活超越维持生存而达到更高的水平，在这种水平之下，剩余物能够用于支付给统治者，能够使人们去从事艺术、宗教和文艺创作，能够在战争中将文明的好处扩散给其他人，或者让其他人帮助偿还文明化进程的代价，或者保护自己免受那些在文明化进程中试图走捷径的人的伤害。[13]

这个观点似乎暗示了文明（或者文明化进程）与战争之间的一种完全不同的关系，即文明社会与爱好和平之间有着直接关系。恰恰相反，据说"人们越文明，可能变得越好战"[14]。换句话说，赖特认为，"文明从好战的人群中起源，爱好和平的采集者和狩猎者却被赶到天涯海角"[15]。他进一步指出，正如"原始社会向文明发展，战争也开始呈现一种不同的特性。文明既是好战的一个结果，也是好战的一个原因"[16]。将战争定义为"有组织、有训练、有代价地去杀害、伤害和抓捕彼此群体，涉及一个或多个政府，并造成一定数量死亡的武力冲突"。这个定义并没有得到一致认同。埃克哈特提出了一个相似的观点，即"战争只是在5000年前文明出现之后才真正获得承认的"[17]。在赖特之后，埃克哈特总结道，本质上，"无论谁先

【60】产生，战争与和平都是在一个正反馈回路中相互促进，所以一个变强则另一个也变强；一个变弱则另一个也变弱"[18]。这个文明与邪恶的同步圈构成了埃克哈特"辩证的战争进化理论"的基础，即"社会越发达，参与的战争就越多"。而且，埃克哈特用极富文学色彩的言语说道，"依据他们的艺术和历史记载来判定，文明人喜欢战争就像鸭子喜欢水"，"战争在历史上是文明兴衰的助产士和殡仪员"。[19]

战争数据

支持这个一般性观点的论据是以战争死亡统计数据的形式呈现出来的。赖特做了一项不朽的研究，其中包括 1480 年至 1941 年间 278 场战争和 1945 年至 1964 年间更大范围的 30 场"敌对状态"的详细分析，他基于此项研究指出，"在现代文明社会中至少 10% 的死亡直接或间接归因于战争"。而且，对于一般性的"人命损失……战争的趋势是成本越来越高，无论是绝对数量还是相对数量"。[20] 基于他自己的拓展性研究以及他人的研究，埃克哈特确信这是一个极其保守的估计，他认为，如果我们接受"战争是文明的某种功能，那么，文明就应该对 20 世纪三分之一的死亡负责"[21]。在他关于公元前 3000 年以来的战争死亡研究中，战争被定义为"任何涉 【61】及至少一个政府且导致每年至少 1000 名平民和军人死亡的武力冲突"，埃克哈特估算在这一时期战争引起的死亡人数至少有 1.5 亿。[22] 这 1.5 亿的战争死亡人数产生在 50 个世纪里，其中大约 96% 的死亡发生在过去的 5 个世纪中，而仅 20 世纪就单独占到了死亡总数的 73% 以上。19 世纪的死亡人数大概占到死亡总数的 12.8%，而 17 世纪和 18 世纪的死亡人数占比加起来大概是 8.7%。剩下的世纪中，16 世纪是唯一一个死亡总数只占 1% 稍多的世纪。[23] 据估计，在血腥的 20 世纪前 80 年里，战争导致了大约八千八百万人过早死亡，这相当于那一时期总人口的 1.4%~1.5%。[24]

回溯到前一章，20 世纪被定性为"民主的世纪"，19 世纪和 20 世纪还被誉为"试图创建一个稳定的、和平的国际秩序"的发源时期，以"人际关系的人文精神和文明特征的提高"为基础 [25]，但这些战争死亡统计数据却展现了一幅截然不同的画卷。如果我们将定义的范围稍微扩展到包括 【62】出于政治动机而被故意夺走的生命，兹比格涅夫·布尔津斯基估计 20 世纪，或者被他换了一种称法的"特大死亡世纪"（century of megadeath）见证了 1.67 亿~1.75 亿人被杀害。[26] 至今，21 世纪第一个十年也已经有三四百万人的死亡与战争或冲突相关。[27] 这里的一个关键问题是：在战争死亡人数方面，20 世纪只是一个畸形吗，还是战争死亡人数不断增加的趋势中的一个时间点？在 1910 年谁能预料 20 世纪这个如此残暴和血腥的结果？接下来的 90 年将在某种程度上讲述这个故事。

根据他自己的研究，埃克哈特写道，"我们或许能断定在过去的50个世纪里，战争死亡人数一直在不断增长"。他补充说，"仅用人口增长不能解释过去这50个世纪里战争死亡人数的增长"，因为"战争死亡人数的增长明显要快于人口增长"。而且，"过去这些世纪里战争死亡人数增长也不能仅用战争频率的提高来解释，因为战争死亡人数增长比战争发生频率提高也快得多"。实质上，"一般性规律是，在这4个世纪里人口死亡率和每场战争死亡率同时增长"，都表现得极为显著，以致到20世纪【63】达到了惊人的高峰。[28] 如果我们仍然认为社会越文明人们就越厌恶战争，那么在那些缺乏文明的地区战争死亡人数会更高。然而，与上述的观点相反，尽管自公元前3000年开始在欧洲的领土上爆发的战争只占所有战争和重大战役的五分之一，但到近现代，约65%的战争死亡发生在欧洲。[29]尤其是启蒙运动以来，正是作为自由文明灯塔和民主诞生地的现代欧洲，成为人类历史上最残暴和最血腥的时代和地方。

在1777年的《战争论》中，詹姆斯·鲍斯威尔（James Boswell）写道，"战争将持续多久，我们无法推测"。对此他补充道，"原本期望能够消除战争的文明，只是使战争的粗野变得文雅一些。尽管我们已经清晰了"非理性的危害"（*Insanire Certa Ratione Modoque*），但非理性仍然以某种方式存在于我们的疯狂中"[30]。事实上，与其说文明代表着战争的解毒剂或对立面，不如说文明和战争是携手并进的。或者如埃克哈特所指出的那样，"战争和文明是一起成长的"。埃克哈特提出的一个更恳切的观点是："只要文明孕育了战争或者至少是推动了战争的发生，只要战争最终摧毁了它的创造者或【64】推动者，那么，文明化就是自我毁灭，就是一个阻碍它自己进步的过程。"[31] 汤因比得出了一个相似的观点，他在对历史文明的广泛研究中总结道，虽然"战争可能确实是文明的孩子"，但这个孩子对它的创造者终究不是特别友好，因为"战争已经被证明是每一个众所周知已经崩溃的文明发生崩溃的最直接原因"[32]。这实际在文明与战争之间的关系上让我们回到原点：战争造就了文明，文明反过来促进了更血腥和有效的战争，进而导致文明的消亡。乍一看，在文明国家的国际社会中期望永久的和平似乎不太符合这个方程式。

"战争是一个事实"

迈克尔·霍华德在其简短的著作《和平的虚构》（*The Invention of Peace*）的开头引用了法学家亨利·缅因（Henry Maine）爵士的一句话："战争似乎和人类一样古老，而和平却是一个现代产物。"霍华德继续说明了这一观点，"没有什么迹象表明他是错的。考古学的、人类学的，以及所有留存于世的文献证据都表明有组织的政治群体之间的战争和武力冲突在人类历史上已经成为惯例"[33]。虽然战争在整个历史上很可能一直都伴随着人类，但是似乎有证据表明，随着文明的到来，人类社会才成为特 【65】 别高效的战争制造者。就如麦克阿瑟和摩根索所强调的那样，发动战争的效率越高和致命性越强，尤其是随着核武器此类毁灭性技术的发展，人们寻求和平的急迫性就越强。在摧毁 20 世纪上半叶的血腥和灾难性战争之后，霍华德发现，"进入 20 世纪最后十年，启蒙运动的自由主义继承者们似乎准备好了再次建立和平。这个前景现在看起来似乎比以往都要清晰"。但是，皮埃尔和卢梭的嘲笑或许是对的，因为世界和平仍然是一如既往地难以捉摸。"仅在十年之内，人类的普遍情绪就已经变得很糟糕了，迎接千禧年的是忧虑而不是希望。"[34]这种情况甚至早于 2001 年 9 月 11 日的极端恐怖袭击，随后发生在阿富汗和伊拉克的战争持续了十多年，紧随其后的是发生在北非和中东的一系列内战。

正如绪论中所引用的那样，另一个杰出的历史学家斯宾格勒对世界和平的前景提出了一个更加悲观的看法值得重申一下：

> 世界和平是否可能的这个问题，只能由熟知世界历史的人来回答。然而，熟知世界历史就意味着要了解人类过去的样子和未来的样子。大多数人永远都无法理解的是，预测未来历史是什么样子与预测未来历史可能会是什么样子之间存在着巨大的差异。和平是一种愿望，战争是一个事实，历史从来就没有关注过人类的愿望和理想。[35] 【66】

斯宾格勒的悲观主义并不意味着世界和平必然就是一个不可能或不太可能实现的梦想。尽管考古学、人类学及文献资料的证据都表明了这个事实，即政治团体之间的战争在整个人类历史中都是一个常态，但并不是所有的人一直都在与其他人相互斗争。也就是说，战争并不一定就是人性中压倒一切的那部分，因为也有记录显示在人类历史上政治团体之间存在过合作与和平。然而，到目前为止，还从未有过所有人同时享有的和平，即世界和平。不过，考虑到无论从何种角度来衡量战争，战争都会使各方付出代价，因此世界和平至少是一个可期待和必不可少的愿望。

所以，对结束战争和实现和平而言，孔多塞的观点即"文明在地球上传播得越广，我们就越有可能看到战争和争端走向消亡"[36]，已被证明是不切实际的。相反，文明的传播——尤其是通过欧洲帝国的扩张——在一定程度上是与征服和战争齐头并进的。[37]因此，围绕启蒙文明的价值观和【67】准则在国际社会中追求建立一个和平的世界秩序到目前为止在很大程度上已经被证明会适得其反。虽然这些年来很多思想家和政治家表达了这样的观点，即和平虽不仅仅是没有战争，但没有战争将是一个良好的开端。然而，即使是康德似乎也在疑惑人类是否有能力实现消除世界战争所需的道德觉醒，他说："在很大程度上，我们是通过艺术和科学'培养'出来的。我们在各种社交礼仪上都是'文明的'——或许对我们自己太好了。但如果认为我们自己已经有'美德'（morality）了——那么，我们还缺乏很多东西。"康德继续说道："只要各国还在无意义和暴力的自我扩张上挥霍他们的武装力量"，那么"期待道德秩序的实现是不可能的"。[38]

结论

本章所概述的文明与战争的关系之本质，并不完全符合我们关于安全和舒适空间的假设，即我们许多人认为我们是文明社会中已生锈的终身会员；本章还具有一些重要意义，并对自由/民主和平以及更广泛的和平与【68】冲突研究的观念提出了一些严肃的质疑。尽管有些人可能认为自由民主国家必然天生就是和平的，其实未必。即使宣称它们之间是和平的也是有争议的，因为这个宣称在很大程度上取决于关于民主和战争相当模糊的定义。[39]虽然20世纪可能已经见证了民主的持续性扩散，但自由主义的价值和准则并不必然地与之一起被人们所接受。如果我们期望在共享的自由价值观的基础上让世界充满和平，那么我们可能要等待很长时间。正如道尔所认定的那样，尽管自由主义国家宣称要与他们的同类和平共处，但他们对非自由主义国家"也是倾向于发动战争的"[40]。并且就如列维所承认的那样，当自由民主国家这么做的时候，他们倾向于"采纳十字军东征的精神并经常发动破坏性极强的战争"，将"利益冲突转化为有道德的改革运动。"[41] 就其本身而言，与摩根索的说法相反，"启蒙哲学和自由主义的政治理论"并不反对战争，也不尊重人类生命，也没有如它所声称的那样为人类福祉服务。[42]

在20世纪90年代中期，晚年的约翰·伯顿（John Burton）撰写了《危机中的文明》（Civilizations in Crisis）[43]一文。我更关心的是这篇文章里那些文明固有的问题。迄今为止，战争、野性和战争的野蛮实际上是不可能从文明的行进队列中脱离出来的：发动战争促进了文明的产生，文明反过来促进了更有效率地发动战争，这可能进而导致文明的消亡。在这一恶 【69】 性循环中，文明已经被证明会全力以赴地清除那些不文明的东西，或那些被认为对文明有威胁的东西，因此就有了阿富汗战争、伊拉克战争、更广泛的反恐战争、禁毒战争、反贫困战争。这些战争中肯定有一两个教训。关于文明与战争之间的关系，埃克哈特尖锐地指出，"从文明研究中我们能够了解很多关于战争的东西。我们也能从战争研究中了解很多关于文明的东西"[44]。尽管实际情况似乎是战争和文明总相伴存在，但如果要让文明有一个更光明的未来，那么二者不一定要齐头并进。如果文明更多关涉利他主义，且富有同情心，就如那些以其与战争与和平的联系而闻名的人所敦促的那样，我们可能会发现我们自己和我们的世界处在一个远比现在更和平的状态中。

注释

1.Thomas Hobbes，*Leviathan*，ed. C. B. Macpherson（Harmondsworth：Penguin，［1651］1985），186-8. 也可参见 Konrad Lorenz，*On Aggression*（New York：MJF Books，1966）。

2.Jean-Jacques Rousseau，"Discourse on the Origin and the Foundations of Inequality Among Men，"in *The Discourses and other Early Political*

Writings，ed. and trans. Victor Gourevitch（Cambridge：Cambridge University Press，［1755］1997），161；emphasis in original.

3.Azar Gat，*War in Human Civilization*（Oxford：Oxford University Press，2006），663.

【70】　4.Ira Meistrich，"War's Cradle：The Birthplace of Civilization is also the Home of Culture's Nemesis，" *MHQ：The Quarterly Journal of Military History* 17，no.3（2005），85.

5.Harry Holbet Turney-High，*Primitive War：Its Practice and Concepts*，second edition（Columbia，SC：University of South Carolina Press，1971），23.

6.John Stuart Mill，"Civilization，" in *Essays on Politics and Culture*，ed. Certrude Himmelfarb（Garden City，NY：Doubleday & Company，1962），122

7.Lawrence H. Keeley，*War before Civilization：The Myth of the Peaceful Savage*（New York：Oxford University Press，1996）.

8.Arnold J. Toynbee，*War and Civilization*，selected by Albert V. Fowler from *A Study of History*（London：Oxford University Press，1951），viii.

9.R. R. Marrett，*Psychology and Folklore*（London：Methuen & Co.，1920），36.

10.Quincy Wright，*A Study of War*，second edition（Chicago and London：University of Chicago Press，1965），98–9.

11.Wright，*A Study of War*；Tom Broch and Johan Galtung，"Belligerence among the Primitives：A Re-analysis of Quincy Wright's Data，" *Journal of Peace Research* 3，no.1（1966），33–45；William Eckhardt，"Primitive Militarism，" *Journal of Peace Research* 12，no.1（1975），55–62.

12.William Eckhardt，"Civilization，Empires，and Wars，" *Journal of Peace Research* 27，no.1（1990），9.

13.Eckhardt，"Civilization，Empires，and Wars，" 10–11.

14.Eckhardt，"Civilization，Empires，and Wars，" 15.

15.Wright，*A Study of War*，100.

16.Wright，*A Study of War*，99.

17.Eckhardt，"Civilization，Empires，and Wars，" 9，10.

18.Eckhardt，"Civilization，Empires，and Wars，" 14.

19.Eckhardt，"Civilization，Empires，and Wars，" 9–11.

20.Wright，*A Study of War*，246–7.

21.Eckhardt，"Civilization，Empires，and Wars，" 15

22.William Eckhardt，"War-related Deaths Since 3000 BC，" *Bulletin of Peace Proposals* 22，no.4（1991），437.

23.Eckhardt，"War-related Deaths Since 3000 BC，" 438–9. 详细的数 【71】据和进一步的分析可以在威廉·埃克哈特的（*Civilizations，Empires and Wars：A Quantitative History of War*（Jefferson，NC and London：McFarland & Company，1992），220–77）附录 B 的 60 个表格中找到。

24.Arthur H. Westing，"War as a Human Endeavor：The High-Fatality Wars of the Twentieth Century，" *Journal of Peace Research* 19，no.3（1982），263.

25.Hans J. Morgenthau，*Politics among Nations：The Struggle for Power and Peace*，fourth edition（New York：Alfred A. Knopf，1967），374.

26. Zbigniew Brzezinski，*Out of Control：Global Turmoil on the Eve of the 21st Century*（New York：Touchstone，1995）. 也可参见 R. J. Rummel，*Death by Government*（New Bruswick，NJ：Transaction Pulishers，1994）。

27. 主要是在阿富汗、伊拉克、苏丹达尔富尔地区、刚果民主共和国和叙利亚。<http：//necrometrics.com/20c1m.htm；http：//www.iraqbodycount.org/；http：//icasualties.org/oef/>.

28.Eckhardt，"War-related Deaths Since 3000 BC，" 439–40.

29.Eckhardt，"War-related Deaths Since 3000 BC，" 441.

30.James Boswell，*Boswell's Column：Being his Seventy Contributions to The London Magazine under the Pseudonym The Hypochondriack from 1777 to 1783 here First Printed in Book Form in England*，introduction and notes Margery Bailey（London：William Kimber，1951），35；italics in original.

31.Eckhardt，"Civilization，Empires，and Wars，" 15.

32.Toynbee，*War and Civilization*，vii，viii.

33.Michael Howard，*The Invention of Peace*：*Reflections on War and International Order*（London：Profile Books，2000），1.

34.Howard，*The Invention of Peace*，91-2.

35.Oswald Spengler，"Is World Peace Possible?" in *Selected Essays*，trans. Donald O. White（Chicago：Henry Regnery Company，1967），205.

36.Antoine-Nicolas de Condorcet, in Lucien Febvre，"Civilization：
【72】 Evolution of a Word and a Group of Ideas，" in *A New Kind of History*：*From the Writings of Febvre*，ed. P. Burke，trans. K Folca，（London：Routledge & Kegan Paul，1973），257，note 118.

37.Brett Bowden，*The Empire of Civilization*：*The Evolution of an Imperial Idea*（Chicago and London：University of Chicago Press，2009）.

38.Immanuel Kant，"Idea for a Universal History from a Cosmopolitan Point of View，" in *Kant On History*，ed. Lewis White Beck（Indianapolis：Bobbs-Merrill，1963），21；emphasis in original.

39.Michael E. Brown，Sean M. Lynn-Jones and Steven E. Miller（eds），*Debating the Democratic Peace*：*An International Security Reader*（Cambridge，MA and London：MIT Press，1996）.

40.Michael W. Doyle，"Liberalism and World Politics，" *American Political Science Review* 80，no. 4（1986），1151.

41.Jack S. Levy，"Domestic Politics and War"，*Journal of Interdisciplinary History* 18，no. 4（1998），659.

42.Morgenthau，*Politics among Nations*，374. 例子参见 Michael Dillon and Julian Reid，*The Liberal Way of War*：*Killing to Make Life Live*（London and New York：Routledge，2009）。

43.John W. Burton，"Civilizations in Crisis：From Adversarial to Problem Solving Process，" *International Journal of Peace Studies* 1，no. 1（1996）.

44.Eckhardt，"Civilizations，Empires，and Wars，" 9.

第四章　文明与野蛮

就如前面的章节所讨论的那样，文明与战争拥有共同的传统。本雅明认为，"没有野蛮的记录，同时就不会有文明的记录"[1]。在分析武力冲突或战争威胁时，这个论点被认为是极其中肯的。这一章将力图描述和解释战争和野蛮的概念，尤其是在战争的背景下。与第六章一样，本章也关注那些描述战争中的文明和野蛮行为，或者那些已知的关于正义战争和国际人文的法律文献，如《战时法》。

正如绪论中所解释的，在有组织的人类历史的大多数时期，基于它们接近理想文明的程度，人民、社会和国家被划分为不同的层次。最先进的人民集体、文明国家位于文明等级的顶端，而那些在等级体系的另一端据说还远未脱离自然状态。在人类和社会发展的不同阶段，处于这两极对立之间的是野蛮人和欠发展的野蛮人。除了社会政治组织和自治的能力，战 【74】争手段和更普遍的战争行为长期以来也被认为是文明的关键标志，或者说是文明缺失的关键标志。就如汉娜·阿伦特所阐释的那样，"国际法……构成了文明世界，因为即使是在战争状态下，它仍然是国际关系的基石"[2]。同样地，江文汉（Gerrit Gong）指出，"一个'文明的'国家一般都会遵循公认的国际法，包括战争的法律"[3]。就其本质而言，未开化或野蛮的人被认定是没有能力遵守这样的法律的人。就如接下来的章节所深入讨论的那样，考虑到恐怖分子被认为是有能力遵循这些规则但却不愿意遵循的，这一思路已经延伸到了应对高涨的恐怖主义威胁。

前面的章节曾提到，发动战争需要高度的组织化和社会凝聚力。与社会凝聚力及其相伴随的制度同等重要的是存在一套长期以来被视为文明必要标志的价值观。因此，人们普遍认为，"通过考察一个民族是如何战斗的，我们就能够对这个民族的文化及其发展方式了解很多"[4]。在这里，重要的是文明的道德性和规范性的要求。就如斯塔罗宾斯基所指出的，"作为一

【75】种价值，文明是一种政治的和道德的规范。它是判断和谴责暴行或非文明的标准"[5]。安东尼·帕登（Anthony Pagden）持相同的观点，他认为，文明"描述了一种社会的、政治的、文化的、美学的——甚至是道德的和物理的——状态，它被认为是全人类的最佳条件，并且这还包含一个隐含的主张，即只有文明人才能知道什么是文明"[6]。这个主张是重要的，因为如斯塔罗宾斯基暗示的，"'文明'一词出现的历史时刻标志着自我反思的到来，即一种认为自己能理解自身活动本质的意识的出现"。具体来说，它标志着"西方文明反思性地意识到自己，它把自己视为其他文明中的一个。文明一旦有了自我意识，就能立即发现其他文明"[7]。但是，正如埃利亚斯所指出的那样，这并不是一个个例，即西方文明认为自己是其他同等文明中的一员，因为文明的概念正好"表达了西方人的自我意识……这个概念囊括了近两三个世纪欧洲社会的所有信念，即它确信自己比更早的社会或'更原始的'同代社会要优越"[8]。

这种优越感包含了文明人、低级野蛮人和野蛮人在个体与集体双重意义上的道德价值区分。这方面的例子比比皆是，包括早期英国人关于爱尔
【76】兰人的描述，以及后来欧洲人将美洲或其他地方的土著人的特征描述成（有时是不适宜的）动物、昆虫或者婴儿——但绝不是文明人。[9]如此不适宜的特征描述以及相关联的道德价值差异已经影响了并会继续影响他们如何感知和对待对手，尤其在战争年代。这种普遍优越感中的固有本性是战争的艺术和伦理。源于几个世纪以来与"未开化"的其他国家的接触[10]，先是欧洲，然后是广泛意义上的西方，正式宣告了其战略和技术能力在战场上是无敌的。同样，欧洲人兼西方人都谎称自己在战争的权利（*jus ad bellum*）（战争的正当原因）和战时法（指导战争行为的法规）问题上完全占据着道德的制高点。这并不排除其他民族也持有类似观点的可能性。[11]

军事地平线

军事地平线是借喻沙漠中的一条线，用来区分所谓有组织、有约束、有骑士精神的"文明"的欧洲战争，与野蛮人所实施的本质上混乱的、无纪律的和机会主义的"原始"战争。就如特尼－海尔指出的那样，"军事地平线……

不取决于武器充分，而取决于配合、组织和命令的充分性"。因为明显缺乏【77】组织和合作，"尽管他们有面部彩绘和零星的屠杀"，不文明民族也被认为是没有达到军事地平线。他们被视为"非战士"，且"没有战争艺术的入门知识"。[12]

特性描述和区分从欧洲内部的等级分化传习而来，并从欧洲国家开始接触其边界以外民族的那一刻就开始加剧，可谓由来已久。从 1095 年教皇乌尔班二世（Pope Urban Ⅱ，1088—1099）宣布第一次十字军东征，就可以发现这种区分的端倪。在教皇英诺森四世（Pope Innocent Ⅳ，1243—1254）关于教皇英诺森三世（Pope Innocent Ⅲ）（1198—1216）的敕令 *quod super his*① 的注释中表现得更加明显，英诺森四世在敕令中已开始明确阐述了教皇 – 异教徒关系的本质。[13] 这些特征描述和区分也隐含在英格兰国王詹姆士（James）的司法部长约翰·戴维斯（John Davies）爵士的声明中，即"一个野蛮国家在它有能力成为一个好政府之前必然先被一场战争所摧毁"[14]。

随着新大陆以及其他以前未知陆地的发现，美洲印第安人和其他土【78】著人在文明化程度上被认为远不如之前遇到的任何民族。根据来自美洲边境的各种各样的叙述，从捕兽者的故事到早期人类学更详细的叙述，比如威廉·罗伯特森（William Robertson）的《美国史》（*The History of America*）这样的著作，给出了如下的总体印象：

> 当那些有教养的国家获得了胜利的荣耀或获得了一块额外的领地时，他们可能会光荣地结束战争。但是野蛮人只有灭绝他们仇恨的那个国家，他们才会感到满意。他们不是为征服而战，而是为毁灭而战……如果他们参与敌对行动，那么他们就决心永远不要和平地看到敌人的面孔，而是以无尽的敌意来彻底地进行这场争斗……对于他们的敌人，复仇的愤怒是没有止境的。在这种情感的支配下，人就会成为最残忍的动物。他既不同情，也不原谅，更不宽恕……他们不以公开暴力攻击敌人为荣。做令人震惊和毁

---

① 这个敕令的名称本身并没有直接意涵，实质就是一个象征符号，就如中国的"念奴娇""蝶恋花"等词牌名一样，因此这个敕令并没有直接对应的中文词语，所以在这里就直接用原文了。——译者注

灭的事情才是一个指挥官最大的价值所在，也是令他的追随者感到最骄傲的事情。[15]

康德在其《永久和平论》中做出了一个类似的定性判断，即欧洲剩余未开化的人与新大陆的野蛮人之间的主要区别"在于这个事实，即后者的很多部落已经被他们的敌人吃掉了，而前者则知道如何更好地利用而不是【79】吃掉那些被他们征服了的敌人"[16]。将美洲印第安人的战争与欧洲人或殖民者的战争相比较，前者被认为是野蛮的，这一观点被载入了诸如 1776年 7 月 4 日美利坚合众国的《独立宣言》这样的不朽文献中。托马斯·杰斐逊在这个文献中指控英国国王"在我们中间挑起了国内叛乱，并试图把我们边境的居民——印第安人——带入战争，他们已知的战争规则是不分年龄、性别和条件的无差别毁灭"。这种特征描述对那些所谓的未开化的民族在战争年代一直并将继续受到的待遇产生重要影响。

说到发动战争，认为有组织的、治理良好的文明民族通常比缺乏组织的、没有管理的不文明民族要有优势的思想由来已久。格奥尔格·黑格尔认为，"这种思想首先出现在《伊利亚特》①中，希腊人对抗亚洲人，并进而爆发了第一次对抗规模巨大的史诗般战斗，这场战斗可谓是在世界历史中构成希腊历史转折点的战争"。他继续说道，"希德人（the Cid）与摩尔人（the Moors）的战斗，基督徒与撒拉逊人（the Saracens）在塔索和阿里奥斯托（Tasso and Ariosto）的战斗，葡萄牙人在卡莫恩斯（Camoens）对抗印第安人，都是以同样的方式进行的"。他认为，事实上，"在所有伟大的史诗中，我们都能看到在道德、宗教、语言上，简而言之在思想和【80】环境上不同的人，彼此对立；我们处于完全的和平之中，这是世界历史上证明的较高原则取代较低原则的胜利、而较低原则屈从于一种不给战败者留下任何东西的勇敢精神"。黑格尔以此得出结论，"在这个意义上，过去的史诗描述的是西方人超越东方人的胜利、欧洲温和派的伟绩，以及一种限制自身的理由的个体美德"[17]。本质上，人们普遍认为"定居的、文明的和传统的通常要优于游牧的、野蛮的和非传统的"[18]。

情况并不总是所谓更文明的人必然会战胜不文明的人。亚当·斯密

① 荷马史诗，描述特洛伊战争的核心著作。——译者注

（Adam Smith）认为，"在古代，那些富有的文明国家发现他们自己很难抵御那些贫穷的野蛮国家"。日耳曼野蛮部落战胜罗马帝国的军队就是一个很好的例子。但斯密进一步指出，随着工业化和商业社会的到来，这种情况很快就反过来了，因为"在现代社会，那些贫穷的野蛮国家发现他们自己很难抵御那些富有的文明国家"。对这种命运的反转，他给出的原因是"在现代战争中，枪支火器的巨大花费给那些最有能力承担这种花费的国家带来了明显的优势，结果自然是富有的文明国家战胜贫穷的野蛮国家"。斯密关于战争不对称性的观察强调并重申了文明人和野蛮人之间的战争的不平衡性和几乎不可避免的暴力性。他总结道："枪支、火器的发明，一种乍一看似乎就是有害的发明，无疑对文明的永恒和扩展是有利的。"[19] 【81】

最近，大卫·塔克（David Tucker）指出，文明社会再次遭遇的最大威胁不是源自"高科技军队"，而是来自那些不尊重任何战争"文明约束"以及"为获得胜利不择手段"的"野蛮战士"。这些新的野蛮人据说是从"穷困的无政府主义、人口过剩和环境破坏的荒地中幸存下来的或从他们的文化失败中孵化出来的"。据说，他们不仅"犯这些暴行，还很享受这么做；他们将刑讯和强奸视为运动；将屠杀小孩和老人视为愉快的午间功课；违反条约如深呼吸一样轻松"[20]。塔克是众多哀叹的评论员之一，他们用"文明的倒退""回归野蛮"或"新野蛮"的兴起等不同术语来描述这种哀叹。对一些人来说，这种状况是零星的、地理上或文化上孤立的，但它有蔓延到邻近地区和散居地的威胁，因而具有更广泛的影响。这种新型的野蛮人被视为将某些国家或地理区域永久性地划分为文明或野蛮的合理性证据所在。

观察家们将世界的这种持续性分裂主要归因于冷战结束后世界不同地区爆发的民族主义、种族或宗教层面的冲突。[21] 例如，埃里克·霍布斯鲍【82】姆（Eric Hobsbawm）就声称，"野蛮状态一直在增强……没有迹象表明这种强化已经结束"。这种野蛮状态的特征是"规则和道德行为体系的瓦解和崩溃，所有社会都通过这些体系来调节其成员之间的关系，以及在较小程度上调节其成员与其他社会成员之间的关系"[22]。以一种类似的方式，克利福德·波洛（Clifford Poirot）追溯到一个更早的时代，他认为共产主义的崩溃，尤其是在巴尔干半岛地区的崩溃，"导致了……潜伏在19世纪末德国的……那种野蛮状态的回归"[23]。

基于这些思路所产生的一些最生动和最有影响力的论点来自记者们的描述,他们将很大程度上不理性的"部落"暴力归因于某种原生的野性,这种野性是殖民时代未完成的"文明化使命"(civilizing missions)的残留物。其中最著名的是罗伯特·卡普兰(Robert Kaplan)广为传阅的文章《即将来临的混乱》(The Coming Anarchy),一个对我们星球及其人口的未来的灾难性的新马尔萨斯式预言,这个预言以西非的事态为模型。卡普兰认为,西非是"许多不发达世界的代表:中央政府的萎缩、部落和地方领地的崛起、疾病的无节制传播,以及战争的日益蔓延"[24]。卡普兰让我们

【83】"想象一辆加长版豪华轿车停在纽约市无家可归的乞丐所游荡的坑坑洼洼的街道上。豪华轿车内是拥有贸易高峰会议和计算机信息高速公路的北美、欧洲、新兴的环太平洋地区,以及其他一些与世隔绝的地方"。而在轿车外面,"将会是一个拥挤着光头哥萨克人和符咒战士的破旧星球,这个星球深受西方流行文化的恶劣排斥和古老部落的仇恨的影响"[25]。

野蛮战争

如前所述,人类的特征描述和区分长期以来一直影响着不同民族或国家的彼此接触,尤其是在武力冲突中如何互相对待。1925年10月,法国轰炸大马士革后,当时叙利亚是法国的托管地,法学家昆西·赖特就战时如何区分文明人和野蛮人提出了一个评论性的疑问。赖特问道:"国际法是否要求对不同文明的人民都适用战争法?"他自己的想法是:

> 据说古代以色列人在对抗某些注定是他们死敌的部落时否决了惯常的战争限制,古希腊人认为希腊先人公认的战争规则不适用于野蛮人,中世纪的基督教文明在与异教徒的战争中采取了类似的态度。一位英国作家(F.W.赫斯特,《议会的仲裁者》
【84】(The Arbiter in Council))在1906年时就提醒大家关注"那些强大的文明国家对低等文明部落发动的特别野蛮的战争。当我思考时",他补充道,"那些诸如戈登(Gordon)、基奇纳(Kitchener)和罗伯茨(Roberts)等现代英雄们,我发现他们与奴隶贩子或官

员有联系，或者砍伐果树，焚烧农场，集结妇女和儿童，保护有囚犯的军事列车，贿赂其他囚犯与他们的同胞作战。这些表演似乎让我们回到了糟糕的旧时代。这是多么可怕的一件事，当录像镜头不得不记录这些对抗：南非反抗英格兰和德国，马达加斯加和汤加（Tonquin）反抗法国，菲律宾反抗美国，古巴反抗西班牙，东印度群岛反抗荷兰，刚果反抗比利时"。在最近关于大马士革轰炸的大部分报道中，关于欧洲人和美国人受到相对轻微伤害的着重强调，事实上就表明了这种区别是存在于西方社会的道德观念中的。[26]

赖特关于法国在叙利亚的高压政策的悲叹——他将其等同于"恐怖主义政策"[27]——是这个规则的一个例外，这个规则用于文明世界自我评估与所谓不太文明的民族之间的对抗行为。在回应赖特关于法国轰炸大马士革的合法性评估上，一位美国陆军上尉埃尔德里奇·科尔比（Eldridge Colby）认为：

> 无论赖特教授怎么谴责这个事实——有一件事是必须要面对的。这种区别是存在的。它是基于战争发动方式的差异和战争中不同的正当信念。当一个民族中战斗人员与非战斗人员完全一样，以及野蛮人或半野蛮人利用这种同一性对"常规"敌人实施诡计、突袭和屠杀时，指挥官就必须用完全不同于他们之前对抗西方人的方式去解决问题。当战争发生在"常规"部队和那些所谓"非常规"部队之间时，部队首脑就必须以不同的方式处理所有的战略和战术问题，当然也包括战争规则问题。[28]

【85】

科尔比通过援引一系列证实事情处理不可能还有其他方式的司法和军事权威著作来支持他的观点。在《战争变革》（*The Reformation of War*）中，英国陆军上校福勒（J. F. C. Fuller）写道："在对抗未开化国家的小规模战争中，所采用的战争形式必须与这片土地上存在的文化氛围相适应，我的意思是，在对抗低等文明的民族时，战争在类型上必须更加残忍。"[29] 英国的《军法手册》（*Manual of Military Law*）指出，"国际法的规则仅适用于文明国家之间的战争，因为战争双方在战争中能够理解这些规则并准备执行这些规则。这些规则不适用于与不文明国家和部落之间的战争"[30]。

科尔比进一步指出，"美国装甲部队保卫并向西推进美国边境的一长串印第安战争雄辩地证实了在战争中有统一的部落行动（男战士、女战士和儿童战士），也证实了棕肤战士（red-skinned fighter）近乎普遍的残暴行为"[31]。

【86】虽然科尔比承认"体面是好的""适当谨慎是好的"，以及"遵循国际法的行为准则是好的"，但他坚持认为"在对抗那些不知道也不遵循国际法并且还能从那些遵循国际法的人那里获益的不文明民族时，必定存在着一些差异，这是一个事实"[32]。这就引出了一个问题：对手怎么能明知故犯地利用他们不知道存在的东西呢？这是不是让冲突的另一方有权利放弃他们自己声称要遵守的一系列被视为他们文明或更普遍意义上的文明标志的法律法规？科尔比的结论是"这个问题的真实本质在于蹂躏和毁灭是野蛮部落所知道的主要战争方式"[33]。因此，他们的"文明"对手在双方之间的战争中采取同样"更残暴"的方式被认为是正当的。

说到文明与野蛮的区分，埃弗里特·惠勒（Everett Wheeler）认为，西方的战争传统所显示的"竞争性规范与恐怖主义之间的某种张力"被塑造成了"奥德修斯发疯了"，其中"竞争性规范"用他的话来说就是"阿喀琉斯精神（Achilles ethos），即崇尚骑士精神、对阵战和公开的直接方式，和奥德修斯精神（Odysseus ethos），即偏爱阴谋诡计、欺骗、间接方式和避免对阵战"[34]。但仅举两个例子，德累斯顿（Dresden）的全面空中轰炸与广岛（Hiroshima）和长崎（Nagasaki）的原子弹投掷——其中包括以平

【87】民为目标——就表明这个张力是非常接近于表面现象的。这种张力还有赖于将法西斯分子排除在西方阵营之外，这种排除方法是有问题的。如果在战争的竞争性规范之间进行选择时，西方人的心理定式（mindset）中存在着一种张力，那么与之对抗的战斗人员的性质就是一个关键的决定性因素。指出文明的"战争就是敌对的战争"的霍华德将这种张力或矛盾解释为"西方基督教世界的常态"。但是，当涉及与其他人发生冲突时，也就是"与外来者、异教徒或野蛮人战争时，西方人从罗马人那里继承了一份残酷的遗产，他们称之为'罗马战争'（*bellum romanum*）或'摩尔战争'（*guerre motelle*），在这样的冲突中，没有任何方式是被禁止的，所有被指定为敌人的人，无论是否携带武器，都可能被无差别地屠杀"[35]。

正如在第二章中所认为的那样，随着时间的推移，据说有一种使战争

文明化或约束战争的普遍趋势，其基础是将对手视为拥有某些权利的人类同胞。[36] 只要他们携带武器，他们就是合法的攻击目标，但一旦他们解除了武装，那么他们"就重新获得了作为上帝的孩子或文明社会成员的所有权利"。然而，如果敌人：

> 没有被看作一个人……而是作为劣等且仍然具有威胁性种族的成员，那么，他是否正穿着制服和拿着武器是没有差异的——不管他是个男人、女人或孩子。他不比一个野生动物或昆虫拥有更多的权利。[37]

正如在第六章中进一步探讨的那样，对敌人的非人化或妖魔化以及由此产生的暴行在整个人类历史上随处可见。在"英国人'安抚'爱尔兰人【88】的残酷"中可见这种暴行，征服者和欧洲定居者在美洲将这种暴行"延续"到了当地土著身上。[38] 正如霍华德指出的那样，"法国战士和英国战士对待彼此的方式，即使他们是敌人，与他们对待印第安人的方式之间的对比，就提供了两类战争的教科书式的案例"[39]。

基于对对手和臆想敌人的妖魔化和非人化所引发的暴行在两次世界大战中也是极其明显的。第二次世界大战的暴行尤为大众所知，尤其是在欧洲的纳粹分子那里，也在太平洋的战场中，在那里据说战斗"以第二次世界大战的标准来看也是残酷的"。在太平洋的战场中，"拒绝接受投降对双方来说是一种惯例。受伤的敌人一般都会被失手杀死。暴行是常见的，包括虐待、严刑拷打，以及杀害那些设法投降的人"。有人认为，"缺乏规模（与欧洲相比）的战斗，在强度和野蛮性上得到了弥补"[40]。

战争中的"野蛮人"

当然，这个野蛮战争的故事还有另一面，这一面无法完整地讲述，很【89】大程度上是因为被征服者很少有机会讲述他们的悲惨故事。正如汤因比深刻指出的那样，"我们必须要记住'文明'和'野蛮'之间的战争编年史几乎是由'文明'阵营的记录员单独编写的"[41]。悲哀的是，情况往往如此，即没有人会被留下来讲述故事的另一面，而且常常因为"野蛮人"的口述历史被假定为不可靠而被忽略。因此，尽管处于大部分历史的"蹂躏和毁

灭"的接受末端，野蛮人以及他们的战争模式按照文明标准被认为是应受
谴责的或恐怖的。更不用说，在事实上，这个故事有无数未被描述或未被
承认的其他方面，这些方面是被指定为野蛮的和未开化的不同民族的经历。
在那些确实存在的例子中，我在这里将仅从一些叙述中摘录一些内容来证
明一个观点，这个观点在直觉上与前面所述的评论和声明相反，请读者自
己去推断它们是什么。

　　迪·布朗（Dee Brown）在《把我的心埋在伤膝河》（*Bury My Heart
at Wounded Knee*）关于美洲印第安人所遭受的一系列不公正事件中回顾了
印第安人与欧洲人的早期相遇：

【90】

　　　　当荷兰人来到曼哈顿岛时，彼得·米纽特（Peter Minuit）用
　　价值 60 荷兰盾的鱼钩和玻璃珠买下了它，但他鼓励印第安人留
　　下来，并继续用他们珍贵的毛皮换这些小饰品。在 1641 年，威
　　廉·基夫特（Willem Kieft）向莫希干人（Mahican）征收贡品，
　　并派士兵去斯坦顿岛（Staten insland）惩罚拉力坦人（Raritan）
　　的罪行，其实这些罪行不是他们干的，而是白人定居者干的。拉
　　力坦人反抗逮捕，士兵们杀死了其中四人。当印第安人以杀死四
　　名荷兰人作为报复时，基夫特下令在居民睡觉时屠杀了两个完整
　　的村庄。荷兰士兵用刺刀刺穿了男人、女人和孩子，并把他们的
　　身体砍成碎片，然后用火夷平了村庄。[42]

　　另一本有关对抗美洲印第安人战争的书中也有这样的描述，布莱克·埃
尔克（Black Elk）在其中反思了 1890 年 12 月下旬在南达科他州（South
Dakota）伤膝河（Wounded Knee）发生的美国士兵对拉科塔苏人（Lakota
Sioux peoples）的屠杀：

　　　　我不知道屠杀结束时死了多少人。当我现在从我晚年的这座
　　高山上回头看时，我仍然可以看到被屠杀的妇女和儿童堆积在弯
　　曲的峡谷里，那清晰的情景就像我用年轻时的眼睛看到他们一样。
　　我能看到还有别的东西死在了血泊中，被埋在了暴风雪中。一个
　　民族的梦想在那里破灭了。那是一个美丽的梦想。[43]

　　在现代俄勒冈州的沃罗拉山谷内的兹佩尔塞人（the Nez Percés）的约
瑟夫酋长（Chief Jeseph, Hin-mah-too-yah-lat-kekht）表达了他的人民在向

西部边境推进时被迫离开家园的困境："我知道我们太虚弱了，无法与美国作战。"与上述许多论点不同的是，他强调的是，"当一个印第安人战斗时，他只对要杀他的人开枪，而士兵们则是随意地开枪"。他继续说道，【91】"我们不信奉剥头皮，也不信奉杀死受伤的人。士兵们没有杀死很多印第安人，除非他们受伤了并留在战场上。然后他们才杀了这些印第安人"。他的回忆展示了美洲原住民是如何在对抗有优势的敌人时也能成长为有技巧的战士："霍华德将军……带着 350 个战士和定居者袭击了我们。我们有 250 个战士。这场战斗持续了 27 个小时。我们有 4 人被杀，7 人受伤。霍华德将军的损耗是 25 人被杀，60 人受伤。"[44] 约瑟夫继续说道：

> 在与吉本将军的战斗中，我们失去了 50 个妇女和孩童、30 个战斗人员。我们留了足够长的时间去埋葬我们的死者。兹佩尔塞人从来不会将战争降临到妇女和孩童身上；一旦战争持续的话，我们可能会杀死很多妇女和孩童，但是我们会因采取这样懦弱的行动而感到羞耻……在路上，我们抓到了一个白种男人和两个白种女人。三天后我们释放了他们。女人没有被侮辱。当印第安妇女成为囚犯时，白人战士能告诉我她们被拘留三天之后没有受到侮辱就被释放吗？落入霍华德将军的士兵手中的兹佩尔塞女人们会受到如此尊重的对待吗？我不承认兹佩尔塞人曾经犯过这样的罪行。[45]

约瑟夫酋长进一步回忆道，"如果我们留下伤员、年老的妇女和孩童，我们就能够逃离熊掌山（Bear Paw Mountain）。我们不愿意这样做。我们从来没有听说一个受伤的印第安人能够在白人手中康复"[46]。这些仅仅是【92】从"文明"和"野蛮"经常暴力地结合在一起的一个前沿亲历者那里获得的一些描述。

恶性的循环

就如接下来的章节所描述的那样，全球反恐战争只是最新的一种情况，在这种情况下，起诉战争的人试图证明针对不文明敌人的暴行或野蛮行为，诉诸任何必要手段，包括"更残酷"的战争手段都是正当的。正如在反对不文明的其他人的战争中多次争辩的那样，不能用传统的手段来对付这样一个邪恶和肆无忌惮的野蛮敌人。讽刺却又不幸的是，这一切都是以文明和正义战胜邪恶的名义发生的。但是，正如亚历山大·索尔仁尼琴（Aleksandr Solzhenitsyn）在《古拉格群岛》（*The Gulag Archipelago*）中叙述的那样，如果事情这么简单就好了。只要邪恶的人能被毫不困难地识别，那么他们就能被直接地消灭。但是，有个论点也许有些道理，即所有人，从根本上说也包括"好人"，在特定情况下都有可能做坏事或邪恶的事。正如"坏"人也能随机做善事一样。不管怎样，文明－野蛮的分歧对立没有那么简单；这里没有黑白，只有灰色的阴影，并且在战时，事情甚至会更加复杂。

【93】在不确定和面临威胁的时候，尤其是在被认为有很大"不同"的民族和战斗人员之间的冲突中，领导力尤其重要。正如第六章中更详细的讨论那样，将对手妖魔化和非人化会影响这些对手如何被对待。克劳塞维茨在《战争论》中指出，当冲突中的任何一方采取这样的策略时，随着妖魔化而来的不可避免的是暴行，它"迫使对手效仿；从理论上讲，互惠行动必然走向极端"[47]。因此，野蛮战争的恶性循环会无休止地自我重复，直到有一方获得最终胜利。但是，正如汤因比指出的那样，幸存下来的胜利者会宣称他们的动机和方法是文明的，胜利本身就足以证明这一点，而被征服的人总是被塑造成道德上和物质上低劣的野蛮侵略者，他们得到其应得之下场——或对或错。

总之，回到本章开始所提及的本雅明所提出的尖锐观点是恰当的："没有文明的记录，同时就不会有野蛮的记录"[48]。在战争的熔炉中，情况更是如此：野蛮引发野蛮。就像其他已经或将要发生的战争一样，没有哪个交战国能独占战争的野蛮行径。

注释

1.Walter Benjamin, *Illuminations*, ed. Hannah Arendt（New York：Schocken Books, 1969）, 256.

【94】　2.Hannah Arendt, *The Origins of Totalitarianism*（London：George Allen & Unwind, 1958）, 462.

3.Gerrit W. Gong, *The Standard of "Civilization" in International Society* (Oxford: Clarendon Press, 1984), 14–15.

4.Michael Howard, "Constraints on Warfare," in *The Laws of War: Constraints on Warfare in the Western World*, eds. Michael Howard, George J. Andreopolous and Mark R. Shulman (New Haven, CT: Yale University Press, 1994), 1.

5.Jean Starobinski, *Blessings in Disguise; or The Morality of Evil* (Cambridge, MA: Harvard University Press, 1993), 31.

6.Anthony Pagden, "The 'Defence of Civilization' in Eighteenth-century Social Theory," *History of the Human Sciences* 1, no.1 (1988), 33.

7.Starobinski, *Blessings in Disguise*, 32; emphasis in original.

8.Norbert Elias, *The Civilizing Process* (Oxford: Blackwell, 2000), 5.

9.Edmund P. Russell Ⅲ, "'Speaking of Annihilation': Mobilizing for War against Human and Insect Enemies 1914–1945," *Journal of American History* 82, no.4 (1996), 1505–29; Edmund Russell, *War and Nature: Fighting Humans and Insects with Chemicals from World War I to Silent Spring* (Cambridge: Cambridge University Press, 2001).

10.Edward W. Said, *Orientalism* (London: Routledge & Kegan Paul, 1978).

11. 参见 Michael Walzer, *Just and Unjust Wars*, third edition (New York: Basic Books, 2000); John Kelsay and James Turner Johnson (eds.), *Just War and Jihad: Historical and Theoretical Perspectives on War and Peace in Western and Islamic Traditions* (New York: Greenwood Press, 1991); James Turner Johnson, *The Holy War Idea in Western and Islamic Traditions* (University Park, PA: Pennsylvania State University Press, 1997)。

12.Harry Holbert Turney-High, *Primitive War: Its Practice and Concepts*, second edition (Columbia, SC: University of South Carolina 【95】 Press, 1971), 23.

13. 参见 Brett Bowden, "The Colonial Origins of International Law: European Expansion and the Classical Standard of Civilisation," *Journal of the History of International Law/Revue d'histoire du droit international* 7,

no. 1（2005），1–23。

14. Sir John Davies, *Historical Relations*：or，*a Discovery of the True Causes Why Ireland Was Never Entirely Subdued Nor Brought under Obedience of the Crown of England until the Beginning of the Reign of King James of Happy Memory*（Dublin：Samuel Dancer，1664），4–5.

15.William Robertson, *The History of America*，twelfth edition，four volumes（London：Cadell and Davies，1812），vol. Ⅱ，149–54.

16.Immanuel Kant, "Perpetual Peace, " in *Kant On History*, ed. Lewis White Beck（Indianapolis：Bobbs-Merrill，1963），99.

17.G. W. F. Hegel, *Aesthetics*：*Lectures on Fine Art*，trans. T.M. Knox, two volumes（Oxford：Clarendon Press，1975），vol.2，1061–62.

18.David Tucker, "Fighting Barbarians, " *Parameters* 28，no.2（1998），78.

19.Adam Smith, *The Wealth of Nations*（London：T. Nelson and Sons, 1869），296–7.

20.Tucker, "Fighting Barbarians, " 70.

21. 例如，在南斯拉夫、苏联的部分地区、西非、非洲之角（索马里）和中部非洲的大湖区，但并非所有这些地区的冲突都必然与冷战的结束有直接的因果联系。

22.Eric Hobsbawm, "Barbarism：A User's Guide, " *New Left Review* 206（1994），45；emphasis in original.

【96】23.Clifford S. Poirot Jr, "The Return to Barbarism, " *Journal of Economic Issues* 31，no. 1（1997），233. 也可参见 Clause Offe, "Modern 'Barbarity'：A Micro State of Nature, " *Constellations* 2，no. 3（1996），354–77。

24.Robert D. Kaplan, "The Coming Anarchy, " *Atlantic Monthly*, （February，1994），48；Robert D. Kaplan, *Balkan Ghosts*：*A Journey Through History*（London：Macmillan，1993）.

25.Kaplan, "The Coming Anarchy, " 60–62. 也可参见 Thomas F. Homer-Dixon, "On the Threshold：Environment Changes as Causes of Acute Conflict, " *International Security* 16，no. 2（1991），76–116；"Environmental Scarcities and Violent Conflict：Evidence from Cases" , *International Security*

19, no. 1（1994）, 5–40; and *Environment*, *Scarcity*, *and Violence*（Princeton, NJ Princeton University Press，2001）。

26.Quincy Wright，"The Bombardment of Damascus，" *American Journal of International Law* 20，no. 2（1926），266.

27.Wright，"Bombardment of Damascus，" 273.

28.Eldridge Colby，"How to Fight Savage Tribes，" *American Journal of International Law* 21，no. 2（1927），279.

29.Colby，"Savage Tribes，" 280; J. F. C. Fuller，*The Reformation of War*（London：Hutchinson & Co.，1923），191.

30.Colby，"Savage Tribes，" 280; Great Britain War Office，*Manual of Military Law*（London：HMSO，1914），235.

31.Colby，"Savage Tribes，" 284.

32.Colby，"Savage Tribes，" 287.

33.Colby，"Savage Tribes，" 285.

34.Everett L. Wheeler，"Terrorism and Military Theory：An Historical Perspective，" *Terrorism and Political Violence* 3，no.1（1991），24，27.

35.Howard，"Constraints on Warfare，" 3.

36. 例如,《关于在战争中放弃使用重量在 400 克以下爆炸性弹丸的宣言》（圣彼得堡，1868 年 12 月 11 日、11 月 29 日）认为"文明的进步应该具有尽可能减轻战争灾难的效果"。本质上，该协议的目的是"审查在 【97】文明国家之间的战争中禁止使用某些射弹的权宜之计"，然而，在反对未开化民族的战争中，没有这种限制。

37.Howard，"Constraints on Warfare，"8. 也可参见 Russell，"'Speaking of Annihilation'：Mobilizing for War against Human and Insect Enemies，1914–1945"。

38. 参 见 Brett Bowden，"'Poisons Disguised with Honey European Expansion and the Sacred Trust of Civilization，" *The European Legacy* 18，no. 2（2013），in press。

39.Howard，"Constraints on Warfare，" 5. 也可参见 James Muldoon，"The Indian as Irishman，" *Essex Institute Historical Collections* 111，（1975），

267–89。

40.Tarak Barkawi, "Peoples, Homelands, and Wars? Ethnicity, the Military, and Battle among British Imperial Forces in the War against Japan, " *Comparative Studies in Society and History* 46, no. 1（2004）, 149–50. 也可参见 John W. Dower, *War Without Mercy：Race & Power in the Pacific War*（New York：Pantheon, 1986）。

41.Arnold J. Toynbee, *A Study of History*, abridged by D. C. Somervell （Oxford：Oxford University Press, 1946）, 420.

42.Dee Brown, *Bury My Heart at Wounded Knee*（New York, Chicago and San Francisco：Holt, Rinehart & Winston, 1970）, 4.

43.Black Elk, *Black Elk Speaks：Being the Life Story of a Holy Man of the Oglala Sioux* ［c. 1932］, as told through John G. Neihardt（Flaming Rainbow）（Lincoln：University of Nebraska Press, 1988）, 270.

44.Young Joseph, Chief of the Nez Percés, "An Indian's View of Indian Affairs, " *North American Review* 269（April 1879）, 424–6.

45.Young Joseph, "An Indians View, " 427.

46.Young Joseph, "An Indians View, " 429.

47.Carl von Clausewitz, *On War*（Princeton, NJ：Princeton University Press, 1976）, 77.

【98】　　48.Benjamin, *Illuminations*, 256.

第五章　文明、战争与恐怖

汉娜·阿伦特[1]曾尖锐地指出:

> 暴君、专制君主和独裁者的恐怖,革命和反革命的恐怖,成年人对未成年人的恐怖,少数派对多数派的恐怖,全民公决民主制和现代一党制的恐怖,革命运动的恐怖,以及阴谋者小团体的恐怖,自古以来都有记载。

她进一步强调说:历史一再证明,"作为恐吓人们屈服的一种手段",恐怖能够而且确实"以异常多样的形式出现",并且与各种各样的"政治和政党制度""密切相关"。在她自己的出生地德国的历史上,阿伦特观察到国家恐怖主义就很明显,她被迫逃离德国,以躲避纳粹的恐怖行动。虽然纳粹国家无所不能和无所不在的恐怖对阿伦特及其众多德国同胞和欧洲邻居构成了威胁,但最近,以最令人震惊的方式对国家及其人民构成恐怖威胁来提醒这个世界的却是非国家的激进团体。在一系列的恐怖主义行动中,最著名的就是2001年9月11日发生在纽约和华盛顿的袭击,以及 【100】随后接连发生在马德里和伦敦的恐怖袭击,以及在雅加达和巴厘岛以在印度尼西亚的西方人为目标的袭击。

在21世纪的大部分时间里,我们经常被提醒自己生活在一个恐怖的时代。事实上,不管我们到何处,都会发现恐怖和恐怖主义已经挂在了人们的嘴边,从政治家、政策制定者和专家到通常对政治不在意和不感兴趣的"街头人士"都是如此。打开任何新闻报道或拿起任何一份报纸,一个人就不得不面对恐怖行为和恐怖主义的问题。这种对恐怖行为和恐怖分子的幽灵的高度警觉适用于学术界,也同样适用于世界领导人和公众。当我们进入机场、乘坐公交车或者面对政府要求我们注意任何"可疑"事件的告示时,各种提醒会纷至沓来。待在家里的市民和世界各地的旅行者一样会被定期提醒要"保持警惕,但不要惊慌"。虽然潜在的信息是任何地方、任何人都不应该认为自己完全没有危险：恐怖行为和恐怖分子会随时随地突然降临——他们甚至就行走在我们中间。2012年伦敦奥运会上有时会出现势不可当的安保力量就是恐怖主义威胁有多严重的一个很好的例子。

【101】　　与此同时，世界大部分地区都在忙于发动一场可能是无休止的"反恐战争"。于是，在某种意义上，我们确实发现我们自己以某种方式深陷恐怖的想象之中。并且当我们不再被恐怖的想象所挤压时，那么，我们就正被日益增长的反恐怖主义的触角所包围。当前席卷全球的恐怖和反恐浪潮提出了许多重要问题，但这些问题却太容易被世界领导人置之不理。恐怖是什么意思？如何描述、测量和感受它？后"9·11"事件完全是新现象吗？现在恐怖分子的威胁是前所未有的吗？反恐战争真如经常说的那样是一场前所未有的战争吗？它真的是一场反对野蛮和"寻求"文明的战争吗？虽然有人认为我们今天所知道的恐怖主义是"我们时代所独有的一种现象"[2]，但这种想法有可能模糊或缩小我们处理这些紧迫问题的角度范围。

什么是恐怖主义？

　　在最近一次恐怖事件爆发后，人们投入了大量的时间、空间和精力从几乎所有可能的角度探索恐怖主义及其代理人或犯罪者——恐怖分子——这个现象。宗教激进主义恐怖浪潮在当代引发了无数的定义去阐释什么是恐怖主义、恐怖分子是什么样的人、他们的具体目标什么，以及如何最好

【102】地打击他们。一些评论员已经通过深入研究恐怖主义的历史、讲述犹太人第一次反抗罗马（66—69年），以及那些狂热分子将一种名为"西卡斯"（sicas）的隐形短匕首插入罗马敌人的喉咙的故事来介绍他们的观点。另外一些评论员指出，刺客（assassin）一词来自11世纪，当时哈桑·伊本－萨巴赫（Hasan ibn-Sabbah）的一群以"菲达艾斯"（fidais）而著称的吸毒成瘾杀手被他们所恐吓的人称为"印度大麻吸食者"（hashish-eaters），或"大麻瘾者"（hashishin）。

　　正如保罗·威尔金森（Pawl Wilkinson）在近期恐怖主义专家激增以及更广泛地理解恐怖主义和恐怖分子的热潮出现之前所指出的那样，尽管目前形势紧迫并由此产生了一系列的定义，但"并不存在适当的、能被普遍

接受的关于政治暴力或政治恐怖主义的科学理论"[3]。鉴于很难就"什么是恐怖主义"和"恐怖分子是谁"达成任何形式的共识,有这种情况也许并不奇怪。例如,在2006年9月,联合国大会的192个成员国一致同意通过了《联合国全球反恐战略》(the United Nations Global Counter-Terrorism Strategy)。但是,对于究竟什么是恐怖主义或如何最好地界定恐怖主义,并没有达成一致意见;这项任务由各个会员国自行决定。甚至到现在,关于最恰当的定义仍然存在争论和不同意见。美国就是一个很好的示范,就如何打击恐怖主义问题,其不同部门或机构都倾向于采用一个反映其自身优先级和特征的定义。

另一方面,欧盟在2002年6月13日关于打击恐怖主义的《第2002/ 【103】
475/JHA号理事会决议》(Council Framework Decision 2002/475/JHA)中定义了恐怖主义和恐怖分子。有趣的是,虽然欧洲土地上有大量的恐怖主义历史事件,却是发生在美国的"9·11"恐怖袭击事件促使欧盟重新探讨了这个问题,指出恐怖主义罪行"必须是以恐吓民众和严重改变或摧毁一个国家的政治、经济或社会结构(谋杀、人身伤害、劫持人质、勒索、制造武器、实施攻击、威胁要实施上述任何行为,等等)为目的"。恐怖分子群体被定义为"由两人以上组成且建立了一段时间并有一致行动的结构化组织"。但是,问题在于2002年4月伊斯兰会议组织(Organisation of Islamic Cooperation)在《关于国际恐怖主义的吉隆坡宣言》(Kuala Lumpur Declaration on International Terrorism)中强调的一个定义也被广泛接受,这个定义重申了"抵抗外国侵略以及处于殖民或外国统治和外国占领下的人民争取民族解放和自决的斗争"的合法权利。在这种情况下,他们"强调了将这种合法斗争从恐怖主义行动中划分出来的、国际商定的恐怖主义定义的紧迫性"[4]。除了这个定义上的困惑,"恐怖主义"和"恐怖分子"这两个标签还被不加区别地和带有偏见地用来诋毁一系列团体,世界 【104】
各国政府出于这样或那样的原因认为这些团体具有威胁性或令人反感。

尽管政府、政策制定者和国际组织都面临定义上的特殊性问题,但政治恐怖的范围已确定包括从"规模性暴力的种族灭绝、屠杀、政治谋杀和酷刑到肉体殴打、骚扰和诽谤运动"的各种形式。威尔金森继续委婉地认为,政治恐怖存在于"国家层面、一场运动、一个派系、一小撮个人实施有组织的恐怖行动的持续政策中"[5]。因此，一个孤立的政治暴力事件或行动，或者甚至是一系列随机行为并不一定构成政治恐怖主义。在这里，一个至关重要的因素是动机；尽管恐怖主义可能看起来通常毫无目的，但它几乎总是被用于实现某个或多个目的："恐怖主义是有目的的恐吓，恐怖意味着让其他人做他们本来不会做的事情。恐怖主义是胁迫性恐吓。"[6]本质上，就如卡尔·威曼（Carl Wellman）所认为的那样，占据恐怖主义"概念核心"的是"一对概念——恐怖和胁迫"；前者，恐怖，是"基本手段"，而后者，胁迫，是"基本目的"。虽然任何特定的政治恐怖行为都有许多外部的政【105】治目的和目标，但"每一种恐怖行为的内部目标和决定性目的都是胁迫。"[7]

考虑到存在于整个人类历史上各种类型的恐怖主义，如此状况下竟然没有一个包罗万象的关于恐怖的理论，这是否令人惊讶呢？更进一步说，尽管专注于恐怖主义的研究越来越多，也可能正因为如此，关于恐怖主义和恐怖分子在任何程度上的普遍认同或令人满意的定义都出了名的难找，更不用说将它们置于一个连贯的理论中，但这真的不足为奇吗？

战争与恐怖主义

早在 2001 年 9 月 11 日的恐怖袭击之前，恐怖主义就被认为是某种形式的"新野蛮主义"或当代"野蛮战争"。军事历史学家和理论家埃弗里特·惠勒评论说，"现代恐怖主义给人的冲击类似于 17 世纪或 18 世纪的欧洲正规军在北美遭遇无视欧洲战争规则的印第安人伏击时的暴行"[8]。（另一个不愿意承认或认可的情形是一个不知道规则存在的人是不可能无视规【106】则的。）恐怖主义之所以被人们谴责，是因为它"对无辜受害者施以非预期的野蛮行径的震撼性给人们造成了文明濒临无政府状态的印象"[9]。恐怖分子是一个"以特别暴力和公然的方式摆脱将公民社会与自然状态区分开来的那些限制"[10]的人。恐怖分子的目标是宣布"整个世界是一种霍布斯式的自然状态"[11]，这样的世界里没有文明的秩序。

惠勒认为，在"野蛮战争"论调的传统中，"常规战争首先要求公开的战斗和遵守规则，尽管许多规则仍未成文"，然而，"类似于原始战争的恐怖主义从字面意义上来说是非常规的：冲突各方缺乏一系列共享的价值观"。就如在美洲、大洋洲、非洲、亚洲，甚至欧亚大陆的野蛮人发动的战争一样，"恐怖分子回避了与常规武装力量的激战和对抗，却依赖原始战争的策略——突然袭击、伏击、欺诈和边打边跑"[12]。常规战争模式被认为是高尚的和侠义的，而这种脱离常规战争模式的方式则全是约翰·基恩（John Keane）所说的"极端暴力的简化版和荒谬版"，在这种情况下，当今的恐怖分子和游击队与"自闭症患者"类似。他们更进一步地被描述成"自我毁灭的歹徒"，这些人"肆意破坏了政府、军队和平民的三重区分，而这三重区分曾经是在常规战争、威斯特发里亚和费城模式（Westphalian and Philadephian models）下被强制实施的"。因此，他们"强掳了国家长 【107】期声称对武装力量的合法垄断权；他们终结了战争与犯罪之间的区别；并确保将冲突恶化成'罪恶的无政府状态'，和致命的毁灭与自我毁灭"[13]。

在"9·11"恐怖袭击刚刚结束不久，英国权威的军事历史学家基根爵士给伦敦的《电讯报》（The Telegraph）写了一篇评论文章（这篇文章被全世界的报纸转载了），在这篇文章中，他声称：

> 西方人面对面地战斗，这种激烈对抗的战斗会一直持续到一方或另一方屈服为止。他们都会选择现有的最简陋的武器，但遵守的是在非西方人眼中可能显得非常怪异的荣誉规则。相比之下，东方人对激烈的战斗畏缩不前，他们经常嘲笑这是一种游戏，他们更喜欢选择伏击、突袭、背叛和欺诈作为战胜敌人的最佳方式。[14]

就是在这篇文章中，基根认为，"与突袭和轰炸相反，持续不断的打击才是西方人的战争方式"。据说这种制造战争的风格对"东方人制造战争的风格和修辞造成了极大的伤害"。基根接着概述了他认为的过去野蛮人和现代野蛮人之间的明显联系，他断言："东方的战争制造者即今天的 【108】恐怖分子期望用伏击和突袭破坏对手的稳定，用后期的恐怖暴行赢得更多的胜利"[15]。尽管这些观点能够带来更多的知识以及更好地理解其他文明，但这与新大陆和其他"野蛮土地"的编年史家们基于纯粹的猜测、虚构和旅行者不可靠的叙述所提出的观点并没有太大的不同。

反对基地组织及其头目的西方世界联盟领袖们都在极力强调，反恐战争不是一场针对阿拉伯世界的战争；正如在第七章中关于亨廷顿的名言及其详细描述的那样，这些领袖们着重强调了反恐战争也不是一场"文明间的冲突"[16]。同样地，许多人竭尽全力地保证他们没有将阿拉伯文明描绘成低于西方文明的存在。然而，这并不意味着西方的时事评论员们会被迫跟随这种潮流。例如，基根用下面不恰当的抨击总结了对反恐战争的考察，这个抨击使人回想起几个世纪前那些无知的言论：

> 这场战争属于定居的、有创造力的、有生产力的西方人和掠夺性的、破坏性的东方人之间的更古老、更大范围的冲突。佯称沙漠和荒地上的人们与那些从事耕种和制造的人们生活在同一个文明水平上是没有用的。他们不可能一样。他们对西方的态度一直都是把西方看成是一个适合采摘的成熟世界。当西方人变成恶意的且用更好的武器与先进的战略战术进行反击时，一部分东方人没有想方设法去赶超西方人，而是用一种新的突袭方式来表达他们的愤怒。[17]

【109】

我会很快再次回归到野蛮战争的这个主题上去，但在这之前我想进一步探讨另一个关键问题：反恐战争是一场与众不同的战争，这并非一个完全无关的见解。当政治和军事领袖们努力地去证明他们在全球反恐战争中取得他们自称的进步即"我们正在赢得这场战争"时，他们多半是求助于这个陈旧却可信的解释："这是一场与众不同的战争。"在某种意义上他们是对的：这的确是一场与众不同的战争。但是每一场战争都是一场与众不同的战争。同时，每一场战争又以某种奇特的方式类似于其他所有战争（至少在某种程度上是相似的）。从前面章节中的一些案例和讨论中可以明显地看到，在反恐战争中，以往的冲突在战斗特征上提供了一些先例和可比拟之处。这里有一个同样重要的问题就是：反恐战争真的就是一场战争吗？

如果我们遵循绪论和第三章所概述的标准，以及如卢梭在《社会契约论》①中所论述的那样，那么，这可能就不是一场真正的战争。卢梭写道：

【110】

> 战争绝不是人与人的一种关系，而是国与国的一种关系；在战争之中，个人与个人绝不是以人的资格，甚至于也不是以公民

---

① 卢梭：《社会契约论》，何兆武译，商务印书馆，2014，第14页。——译者注

的资格，而只是以兵士的资格，才偶然成为仇敌的；他们绝不是
作为国家的成员，而只是作为国家的保卫者。最后，只要我们在
性质不同的事物之间不可能确定任何真正关系的话，一个国家就
只能以别的国家为敌，而不能以人为敌。[18]

　　但是卢梭的言论在无休止的全球反恐战争的年代里似乎有点过时了，
在这场战争中主角之一并不是一个国家。尽管存在诸多表面现象和各种声
明与反声明，但这并非一个明确的问题，战争的灰色性明显多于黑白性：
反恐战争正在地面上进行；它正在阿富汗进行，但却不再只针对阿富汗。
反恐战争曾经以及仍在伊拉克进行，但不一定就是针对伊拉克的。反恐战
争也不时地在伦敦、马德里、巴黎，以及任何恐怖分子选择将之变成战场
的其他地方进行着。

　　按照惠勒的说法，恐怖主义应该被视为一种战争形式，尽管这是一种
与游击战争模式有着紧密联系的原始战争形式。他指出，从"传统军事理
论的视角来看……恐怖主义形成了一套包含战略概念的思想"[19]。反过来，
战略被定义为"在战争中，一方试图在精神上或物质上胜过对手的一种战
略或战术的哄骗、欺诈或狡诈的行为"[20]。正如接下来的章节所进一步讨
论的那样，恐怖主义以及全球反恐战争是否是真正的战争？这是一个直指 【111】
战争人员的合法地位以及强加在他们身上的义务的重要核心问题。就如惠
勒指出的那样，"合法地位的问题与游击战争、恐怖主义和原始战争之间
的联系紧密相关。在古希腊罗马时代，士兵是法律定义的敌人（敌对的人，
iustus hostis），海盗和不法分子则不是。海盗和不法分子的暴行是犯罪行
为，他们没有任何的法律地位或权利"[21]。在关塔那摩监狱等待自身命运时，
这些被判决的"敌方战斗人员"就处在这个合法的永无乡（neverland）：
在这里战俘的许多合法权利和特权都被剥夺了。

反恐战争

　　"9·11"恐怖袭击之后不久，美国总统乔治·W.布什就宣布要进行
全球反恐战争。世界各地的领导人接连重申了这份令人厌烦的声明。我们
同样多次被告知这是一场"与众不同的战争"。赌注是很高的。对布什而

言，这场战争无疑是"为文明而战"。如果人们相信奥萨马·本·拉登的话，那么"第三次世界大战"就将降临。虽然布什和本·拉登已经不再是战斗的领导，但双方仍然坚信这是一场"正义"力量与"邪恶"力量之间的最

【112】终较量，并且确信己方是正义的。为了回应布什政府关于一个恶劣的"邪恶轴心"的声明以及声称"要么你和我们在一起，要么你和恐怖分子在一起"[22]，基地组织当时的二把手艾曼·扎瓦赫里（Ayman al-Zawahiri）同样概述了"两分法斗争消除了中间立场，为一场千年一遇的正义与邪恶之间的末世之战搭建了舞台"[23]。

关于发生在美国的"9·11"恐怖袭击究竟是一个需要军事反应的战争行为，还是一个需求法律和基于正义的反应的犯罪行为，已经引起了许多辩论。当时的国务卿科林·鲍威尔（Colin Powell）最初的回应表明，他更多的是把这看作一种犯罪而不是战争行为，据说，他说过："你应该相信，美国将会以一种将肇事者绳之以法的方式来处理这场悲剧。"但布什有其他想法，他后来将他的第一反应告诉了鲍勃·伍德沃德（Bob Woodward）："他们已经向我们宣战了，并且我当时已经下定决心要开战了。"[24]

2005年6月28日，在北卡罗来纳州（North Carolina）的布拉格堡（Fort Bragg）发表的《全民公告》中，布什进一步强调了这个观点，即冲突各方所使用的策略反映了他们的文明程度：文明人一般都是侠义的和高尚的；不文明的人一般都是野蛮的和懦弱的。布什说道：

【113】　　我们可以从那些在巴格达的繁华商业街道引爆汽车炸弹的恐怖分子身上看到敌人的本性。我们可以从那些将自杀炸弹袭击者送进摩苏尔的一所教学医院的恐怖分子身上看到敌人的本性。我们可以从那些斩首平民人质并将他们的暴行公之于众的恐怖分子身上看到敌人的本性。这些都是暴力的野蛮行动。

布什继续声称，"我们正在与那些抱着盲目仇恨，且有致命武器武装的人进行战斗，他们有能力做出任何暴行"。这些当代的野蛮人，"不穿制服，不尊重战争或道德的法则"[25]。当结合全球反恐战争是一场针对一个"纯粹邪恶"并拒绝"按规则作战"的敌人的"与众不同的战争"的咒语时，得出的推论就是这场战争需要的战略和作战手段必然比其他方式更残忍。[26]

将全球反恐战争的全体成员说成是代表文明或为文明而战,反对另一些不太文明的人——恐怖分子及其同伙——是一个重要的观点。在这里产生和宣传的形象就是代表一切"文明"的文明捍卫者和反对文明并想要摧毁它的野蛮恐怖分子之间的战争。足够讽刺的是,另一边的本·拉登和摩尼教徒也提出了类似的观点。这种形象的对或错并不是一个全新的观点,因此,"反恐战争"也不完全是一种与众不同的战争。恰恰相反,如前面章节【114】所概述的那样,历史和先例会告诉我们一些全球反恐战争的现状和行动。

恐怖分子的确已经犯下残暴的罪行。就像那些从事全球反恐战争的人所说的那样。对前者而言,暴行和冷酷行动是已规定好的方针,尽管本·拉登宣称:

> 我们正在执行先知穆罕默德的使命(愿他安息)。这个使命是传播安拉的福音,而不是肆意享受屠杀。我们自己就是杀戮、毁灭和暴行的目标。我们仅仅是在保护我们自己。这是防御性的圣战(Jihad)。我们要保卫我们的人民和我们的土地。这就是为什么我说如果我们不能得到安宁,美国也将不会得到安宁。这是一个连美国儿童也能理解的简单公式。这是一个生存和让其生存的公式。[27]

尽管发生了暴行,基地组织仍竭尽全力为针对平民、使用自杀炸弹和杀害穆斯林同胞的行为的合理化和正当性进行辩护。[28] 同样地,基地组织和其他激进团体试图证明在完成他们的事业中他们坚持了——许多人会认为这是一个曲解——伊斯兰教法(Sharia law)、卡安尼克(Qar'anic)原则和伊斯兰传统。[29] 那些为全球反恐而战的人们则试图将暴行证实为或解释为少数流氓部队犯下的孤立事件,例如发生在伊拉克阿布格莱布监狱的可耻事件。但它们仍旧发生了,并且暴行会继续产生或继续被揭露。这里【115】也有很多其他令人憎恶的事件和实例,例如广泛的"附带损害"(collateral damage),足以表明那不仅仅是孤立的暴行事件。这里要指出的一点是,仅仅因为一方——恐怖分子——选择放弃公认的公平竞争规则,这并不意味着冲突的另一方必须效仿,以及采取"更加残酷"和不分青红皂白的战争手段。

结论

似乎这里真正在发生的是，为了应对一个不文明敌人的暴行或野蛮行为——首先是"9·11"，然后是马德里、巴黎、伦敦，然后再是巴黎，也不要忽视发生在伊拉克和阿富汗的多起事件——美国领导的自愿者联盟正在以文明和正义战胜邪恶的名义去力求证明战争转向采取任何必要手段都是合理的，包括"更加残酷"和不分青红皂白的战争手段。它已经演变成了一场"我们"对抗"他们"的战争类型，这一点我在接下来的章节中会进行更详细的探讨。对抗如此一个邪恶且毫无道德原则的野蛮敌人的战争运用常规手段是不能获胜的，相反，我们必须以攻对攻——所以那个观点就是这样产生的。或者至少这就是我们试图说服自己的。但也许更实际的

【116】情况是，那些更本能的和不文明的手段具有普遍的吸引力，并且一直随时听命于文明的"我们"，也随时听命于"他们"。历史似乎也表明了这一点。对手经常非人化他们的敌人——缺乏美德和骑士精神的未开化的野蛮人，在物质上和道德上都是苍白无力的——以证明诉诸"更残酷"的手段是正当的，他们声称憎恶这种手段，并声称这种手段与文明的理念是对立的。文明的、穿制服的、有骑士精神的战士与机会主义的、奸诈的野蛮人之间的二元对立是一个假象。而且，正如康德在《永久和平论》中强调的那样，"甚至一些哲学家也称赞它（战争）是人性高尚的一种体现，但不要忘记希腊人曾说过，'战争是邪恶的，因为它产生的恶人比它带走的要多'"。[30] 反恐战争也不例外。

注释

1.Hannah Arendt，"Mankind and Terror，"in *Essays in Understanding，1930–1954*，ed. Jerome Kohn，（New York：Schocken Books，2005），297.

2.Igor Primoratz，"What is Terrorism?，"*Journal of Applied Philosophy* 7，no. 2（1990），136.

3.Paul Wilkinson，*Political Terrorism*（New York and Toronto：John Wiley & Sons，1974），125.

4. 更多关于恐怖主义定义的争论请参见 Alex P. Schmid and Albert J.

Longman，*Political Terrorism*：*A Research Guide to Concepts*，*Theories*，*Data Bases and Literature*（New Brunswick，NJ：Transaction Publishers，2005）。

5.Wilkinson，*Political Terrorism*，15，17.

6.Primoratz，"What is Terrorism?" 130.

7.Carl Wellman，"On Terrorism Itself，" *Journal of Value Inquiry* 13，no.4（1979），251.

8.Everett L. Wheeler，"Terrorism and Military Theory：An Historical Perspective，" *Terrorism and Political Violence* 3，no. 1（1991），15.

9.Wheeler，"Terrorism，" 6.

10.Loren E. Lomasky，"The Political Significance of Terrorism，" in *Violence*，*Terrorism*，*and Justice*，eds. R. G. Frey and C. W. Morris（Cambridge：Cambridge University Press，1991），99.

11.Robert Phillips，"Terrorism：Historical Roots and Moral Justifications，" in *Terrorism*，*Protest and Power*，eds. M. Warner and R. Crisp（Aldershot：Edward Elgar Publishing，1990），77.

12.Wheeler，"Terrorism，" 14–15.

13.John Keane，*Reflections on Violence*（London：Verso，1996），141.

14.Sir John Keegan，"Why the West will Win，" *The Age*（Melbourne，Aust.），October 9，2001.

15.Sir John Keegan，interviewed on *Foreign Correspondent*，Australian Broadcasting Corporation，October 10，2001<http：//www.abc.net.au/foreign/stories/s387060.htm>.

16. 参见 Samuel P. Huntington，"The Clash of Civilizations?" *Foreign Affairs* 72，no. 3（1993），22–49；and *The Clash of Civilizations and the Remaking of World Order*（London：Touchstone Books，1998）。

17.Sir John Keegan，"Why the West will Win." 一个更值得称赞和公正的比较研究请参见 Roxanne L. Euben，*Enemy in the Mirror Islamic Fundamentalism and the Limits of Modern Rationalism*：*A Work of Comparative Political Theory*（Princeton，NJ：Princeton University Press，1999）。

18.Jean-Jacques Rousseau，*The Social Contract*（Harmondsworth：

【117】

【118】Penguin，1968），56.

19.Wheeler，"Terrorism，" 10.

20.Wheeler，"Terrorism，" 24.

21.Wheeler，"Terrorism，" 18.

22.George W. Bush，Address to a Joint Session of Congress and the American People，September 20，2001.

23.Quintan Wiktorowicz，"A Genealogy of Radical Islam，" *Studies in Conflict & Terrorism* 28，no. 2（2005），81. Wiktorowicz includes extracts from al-Zawahiri's pamphlet，*Knight's under the Prophet's Banner.*

24.John Denvir，"Bush's Savage War，" *Picturing Justice：The On-Line Journal of Law and Popular Culture*，January 9，2004.<http：//usf.usfca.edu/pj//savage_denvir.htm>. 也可参见 Bob Woodward，*Plan of Attack*（New York：Simon & Schuster，2004）。

25.George W. Bush，"President Addresses Nation，Discusses Iraq，War on Terror，" June 28，2005.

26.一个比较好地描述了美国政治中"政治敌人的膨胀、污名化和非人化"的持续特征，从"印第安食人者到国际恐怖主义的代理人"的研究，参见 Michael Paul Rogin，*Ronald Reagan，the Movie：and Other Episodes in Political Demonology*（Berkeley，CA：University of California Press，1987）。

27. 哈米德·米尔对本·拉登的访谈，"Osama Claims he has Nukes：If US uses N-arms it will Get Same Response，" *Dawn：The Internet Edition*，November 10，2001. <http：//archives.dawn.com/2001/11/10.top1.htm>. 许多本·拉登的演说收集在 Bruce Lawrence（ed.），*Messages to the World：The Statements of Osama bin Laden*，trans. James Howarth（London：Verso，2005）。

【119】28. 参见 Wiktorowicz，"A Genealogy of Radical Islam，" 75–97。

29. 参见 Quintan Wiktorowicz and John Kaltner，"Killing in the Name of Islam：Al-Qaeda's Justification for September 11，" *Middle East Policy X*，no. 2（2003），76–92；and Wiktorowicz，"A Genealogy of Radical Islam."

30.Immanuel Kant，"Perpetual Peace：First Supplement，" in *Kant On History*，ed. Lewis White Beck（Indianapolis：Bobbs-Merrill，1963），111.

第六章 战争中的我们与他们

在《辛普森一家》（*The Simpsons*）第一季的一集里，巴特（Bart）坐在家里的沙发上哀叹斯金纳（Skinner）校长已经不在了，无法再激发他搞恶作剧。斯金纳被解除了斯普林菲尔德小学校长的职务，这在很大程度上要归功于巴特的滑稽行为，他重新加入了美国陆军，这是除了学校以外唯一能赋予他的生命以某种"意义"的机构。深叹一声，巴特转身对他妹妹丽莎（Lisa）说，"太奇怪了，丽莎。我把他当成朋友来思念，但我更把他当成敌人来思念"。丽莎用远超她年龄的智慧告诉她讨厌的哥哥，"我想你需要斯金纳，巴特。每个人都需要一个仇人。夏洛克·福尔摩斯（Sherlock Holmes）有他的莫里亚蒂医生，山露（Mountain Dew）①有其松软的柑橘味，甚至玛吉也有那个只有一条眉毛的婴儿"。这时，小妹妹玛吉·辛普森正怒视窗外，她的龅牙仇人小杰拉尔德正坐着他的婴儿车经过，当他威胁地回瞪她时，他的单眉深深皱起。[1]

正如亚里士多德指出的那样，人是社会性动物，因此我们需要归属于某种形式的社团（或社群），我们的生活才有意义和目的。对一些人来说，这个角色可由家庭、当地社区、宗教群体、运动队、社会俱乐部，甚至社 会网络来满足；对斯金纳来说，这个角色要么是学校，要么是军队。同时，正如丽莎向巴特指出的那样，似乎和我们的归属需要一样重要的是，我们需要一个对手或仇人来展现我们之间竞争的优势或劣势。这种情况既适用于个人也适用于集体，也是许多现代社会日益突出的特征。这些社会往往是围绕着竞争的理念构建起来的，从商业市场到电视收视率再到学校排名。尽管有一些个人过度竞争并走得太远，给自己和身边的人带来不良后果，但本章更关注的是集体行为。就如卡斯·桑斯坦（Cass Sunstein）所强调的，

---

① 一种百事可乐饮料。——译者注

"社会生活的一个普遍事实"不外乎就是，"群体的人最终会思考和做一些事情"，这些事情当他们作为个体时甚至不会去关注。更令人担忧的是，"当人们发现他们自己处于一个志同道合的群体中时，他们特别喜欢走极端。当这样的群体中存在告诉群体成员如何去做或赋予他们某种社会角色的权威人物时，非常糟糕的事情就会发生"。银行家和恐怖分子、警察和抗议者、种族主义者和改革者都是如此。²军队中的男人和女人也都是如此，我会很快转回去讨论他们。

【123】　　历史和文学中散布着那些走得太远且以悲剧收场的不同群体之间的竞争故事，从莎士比亚（Shakespeare）的《罗密欧与朱丽叶》（*Romeo and Juliet*）中卡布里特家族（the Capulets）和蒙特鸠家族（the Montagues）的房子，到 19 世纪末哈特菲尔德家族（the Hatfields）和麦考伊家族（the McCoys）在西弗吉尼亚和肯塔基州边境的故土上发生的不共戴天的世仇。这两个争斗都涉及爱情和战争的衡量标准，这是一个特别混乱的组合，在其中不幸的恋人通常会以悲剧收场。我们许多人对这句话都很熟悉："爱情和战争中一切都是公平的。"我们也知道实际情况其实并不如此。在爱情和战争中都存在公认的分界线，我们中的大多数人都不会或不愿以个人身份跨越这些分界线；有时过度争强好胜的追求者是上述关于情感问题的规则中更常见的例外。然而，面临战争的严峻考验，战斗人员往往不被鼓励作为个人去思考和行动。例如，在电影《几个好人》（*A Few Good Men*）中就戏剧性地展示了，美国海军陆战队成员被要求将各种集体的考虑放在他们自己之前："尊重指令……分队、战队、上帝、国家！"桑斯坦就断言，这是导致灾难的一个潜在的促成因素。

　　我们大多数人都很乐意接受这个事实，即在爱情和战争中因为道德、伦理或法律上的原因，有一些事情是不可接受的，这就是为什么诸如在伊
【124】拉克阿布格莱布监狱发生的虐待和暴行会受到广泛谴责。尽管我们对这样的情形感到相当的震惊和惊悚，但我们真的会被已经发生的事实震惊到吗？相反，那些导致和围绕伊拉克战争以及更广泛的反恐战争的条件正是为产生这种结果做准备的。就如前面的章节所指出的那样，短期的历史考察揭示了战争时期的暴行并不是新鲜事物；事实上，它们是武装冲突再正常不过的自然后果。对历史的更仔细的研究揭示了战争时期暴行或多或少

可能发生的情况。因此，它也告诉我们如何最好地避免它们。这一章概述了为什么我们不会完全被那些严重虐待事件所震惊到，这些事件不仅发生在伊拉克战争和更广泛的反恐战争中，也发生在几乎所有严重分裂的主角之间的武装冲突中。这里关心的不仅仅是那些积极参与战斗的人，还有那些如桑斯坦所说的身居要职的人，他们要么告诉别人该做什么，要么暗示某些行动路线和行动方式。

恐惧政治

如前所述，人类有归属于某类群体或社群的需要。同时，在面对挑战或威胁时，那些群体似乎需要一个真正的或想象的对手，或敌手，或敌人，随你怎么称呼他们，将该群体统一并联结在一起。正如爱德华·萨义德【125】（Edward Said）所阐释的那样，几乎每个群体或文化的"发展和维系"都有赖于"另一个不同的、竞争性的'另一个自我'（alter ego）的存在"。他补充说道，"身份的建构包括对立物和'他人'的建构，他们的现状总是受制于对他们与'我们'之间的差异的不断解释和再解释。每个时代和社会都会重塑它的'他人'"。萨义德的结论是"身份的建构与每个社会中的掌权者和无权者的性格息息相关，因此绝不仅仅是学术上的空想"。此建构过程的关键元素是"官方敌人的指定"[3]。他们是那些因为与"我们"不同而很容易被识别出来的替罪羊——通常在身体上和文化上，从肤色到着装到饮食，等等，也在政治上和意识形态上——据说他们对"我们"群体的福利和福祉构成威胁。例如，不是想要过分地简化泰国的政治环境，抗议的"红衫军"如果没有对立的"黄衫军"就缺乏一定的理性或存在的理由（raison d'être）。同样地，如果没有他们的死对头"瘸帮"（the Crips）（用蓝色标识），洛杉矶的街头帮派"血帮"（the Bloods）（用红色标识）可能永远不会存在。

依据萨义德的观点，大卫·伯瑞比（David Berreby）指出，作为人类的我们都会将自己和"他人"进行归类，然后我们"用这些类别去预测陌【126】生人的其他事实"，并想出他们将如何对待我们，以及我们应该怎么对待他们。曾经有一段时间，人们一直认为人"有感知其他人心思或思维景象的心智能力"。伯瑞比声称，基于我们关于他们独特特征、习惯或他所谓的"类型景象"（kind sight）的知觉，"我们也有能力感知人的集合"。然后，我们利用这些知觉和"类别去分派机会和特权，以及残暴和苦难"[4]。正如伯瑞比所认识到的，问题不在于基于"宗教、国家或民族的感情"的分裂总是会导致暴力，因为它们不会。问题在于这些和其他的"区分'有时'会导致暴力"。他进一步指出，我们"没有确切的方法"告诉你这些区分为什么、在哪里，以及什么时候可能会导致杀戮。[5]

虽然情况可能经常如此，但是，在某些情况下，我们有理由相信某些群体之间正在酝酿着麻烦。例如，不管是校园斗殴、停车场酒吧的醉酒闹事、对立的足球队支持者之间的冲突（诸如那些定期发生在横跨伦敦的竞争对手米尔沃尔球队（Millwall）和西汉姆联队（West Ham）之间的冲突），还是诸如发生在比属刚果（Belgian Congo）的内战，几乎任何暴力冲突发

【127】生之前都会有一些口头上的交锋。当涉及群体暴力事件时，情况尤其如此。在足球竞赛的案例中，诋毁的武器包括贬低反对派及其支持者的圣歌和歌曲，以及利用短信来争取支持和预先安排对立支持者团体之间暴力冲突的时间和地点。在暴力冲突的案例中，诸如那些发生在卢旺达（Rwanda）和南斯拉夫（Yugoslavia）的暴力冲突，经常是通过国家机构如广播电台进行宣传，这对于煽动仇恨情绪和把大众变成"希特勒式的志愿刽子手"来说是至关重要的。[6]

这让我回想起了另一句俗话，"棍子和石头可能会敲断我的骨头，但言语从来不会对我造成伤害"。尽管这听起来像是一个好主意——可能它在运动场上仍然还有一些用处，但我也不相信它——当说到战争和武装冲突的肉搏战时，这根本不是真的。全球反恐战争也不例外。正如肯·布斯（Ken Booth）曾经哀叹的那样，"国际关系专业的学生比以往更加重视语言，这一点至关重要，因为语言不仅能反映现实，还能塑造现实"[7]。我在这里尤其要提及的语言类型，是那些我们曾经描述为宣传但现在却越来越与所谓的恐惧政治相关联的语言。在这里我能想到的是那种关于所谓的无休止的移民潮所构成的威胁的讨论中常见的危言耸听。对于"调侃型"（shock

【128】jocks）广播节目和寻求获得廉价支持率的政客们来说，另一个简单目标就是围绕着一些公众可能会发现的披着宗教外衣的歇斯底里。令人遗憾的是，

对许多政治家或寻求成名的潜在政治领袖来说，恐惧政治就是贸易中的存货；普里莫·列维（Primo Levi）将这些人形容为使用"不被理智支持的'美丽措辞'"[8]的人。真正令人担忧的事实是，令人不快的行为经常发生在这样的措辞出现之后。

恐吓战术确实在公共领域中有其合法的地位，因为一段时间以来，反吸烟运动本质上就是围绕这样的战术展开的：如果你现在不戒烟，你可能会变成这样，或者你未出生的孩子可能会受到这些疾病的折磨，或者你可能会慢慢地痛苦死去。这里更令人担忧的是恐惧政治，即一种蓄意的激怒和利用，科里·罗宾（Corey Robin）将其描述为"一个民族对其集体福祉所遭受的某些伤害感到恐惧——对恐怖主义的恐惧，对犯罪的恐慌，对道德败坏的焦虑——或是由政府或团体施加给男人和女人的恫吓"。正如罗宾所解释的那样，在面对严峻的威胁或挑战时，人们经常有一种普遍的潜在感觉，即"我们缺乏将我们连接在一起的道德或政治的原则"，而在"9·11"事件之后，人们相信"只有恐惧……能将我们从独立的男人和女人转变成【129】一个统一的族群"。以此类推，"我们对现实世界中的冲突视而不见，这些冲突使恐惧成为政治统治和前进的工具，从而剥夺了我们自己缓解这些冲突的工具，并最终让我们遭受恐惧的奴役"[9]。在大多数社会中，都不缺乏政治机会主义者，他们非常乐意充分且卑劣地利用这些恐惧，不管是理性的还是非理性的。尤其是在匮乏和冲突年代，对恐惧的充分利用真的能够通过使用类似宣传的技术来将恐惧转化成仇恨。通过自称是行动的领袖，这些冒充政治领袖的潜在救星声称他们已经识别出了威胁并知道如何消除它；这些人会团结起来，通过消灭"他们"来拯救"我们"。

例如，在卢旺达大屠杀之前，国有媒体，诸如报纸《坎古拉》（Kangura）、卢旺达电台（Radio Rwanda）以及米勒·科林斯自由广播电视台（Radio Télévision Libre des Mille Collines），在煽动大多数胡图族人（Hutu）的反图西人（anti-Tusi）情绪方面发挥了突出的作用，这种情绪很快升级或退化为彻底的仇恨。他们通过采用一种熟悉的策略，敦促胡图族人在他们抓到"我们"之前抓到"他们"，80万到100万图西人和温和的胡图族人在仅仅100多天内被杀害，其中许多人实际上是被他们曾经相对和睦相处的邻居砍死的。[10]正如大卫·基恩（David Keen）在他关于反恐战争的讨论中指出的那样，"当暴行在某人将要做的事情中被证明是正当的时候，就已经迈出了极其危险的一步"。例如：

【130】 关于"他们将要对我们做什么"的宣传就是一个为大屠杀做准备的政权的标志：一个社会群体（纳粹德国占领下的欧洲的犹太人，卢旺达的图西人）的毁灭只有在大量的人确信这个群体将要毁灭他们的时候才能实现。[11]

仅仅是他们的存在就已经对我们珍惜的生活方式构成威胁，这种夸大其词的说法在恐惧时期也可能成为一个非常强大的驱动力。

相比之下，乔治·布什在 2001 年 9 月 20 日向国会发表关于发动全球反恐战争的演讲时故意选择了措辞。在这份演讲中，总统宣称，美国及其自由正在受到攻击，一种令人震惊且毫无理由的攻击；他继而宣称这场战争是对一个简直就是"邪恶的"野蛮敌人的"文明之战"。这两个事件有什么共同之处？很多人可能会说绝对没有相同之处，但反恐战争的批评家们可不认同这种说法。那场特殊的辩论在这里就不再提及了；我想要指出的不是它们在程度上相当，相反，我想要说的是它们在种类上是相似的。与其他战争时期的宣言相比，布什的措辞承载着更多的意义和内容，并会产生比当时大多数观察者可以想象的更严重的后果。公开煽动反图西人情

【131】绪并使之恶化成仇恨和大屠杀的胡图当局非常清楚他们的措辞和敦促会导致什么样的结果。同样地，布什政府应该知道在恐惧和战争时期使用这类分化和非人化的语言几乎必然会导致虐待事件。

战争中的我们和他们

如上所述，问题不在于在我们的世界中"我们"和"他们"之间存在无数的分界线；相反，在很多情况下这是必要的。问题是这些区分和敌对有时过于出格，从而导致了包括战争在内的暴力冲突。发生在政治团体之间或战争中的大规模致命武装冲突是一个活生生的事实；如第三章所强调的，在人类文明历史的大部分时间里都是这种情况。尽管我们或许不会享受或寻求战争，但许多人倾向于接受这种情况的发生，并对这种情况感到欣慰，因为它通常是根据普遍接受的正义战争理论原则进行的，特别是《战

时法》对发动战争的手段和方法的限制。这里主要应该关注的是那些要么打破要么公然忽视这些原则的言论所引起的倾向。

　　长期以来，战争双方并不总是按规章作战；事实上，长期以来并没有规章存在（诸如《日内瓦公约》（*the Geneva Conventions*））。例如，对很多团体来说，特别是在与某类敌人作战时，人们认为几乎任何事情都可能会发生。正如霍华德所阐释的那样，"发生在 17 世纪和 18 世纪的人性【132】化战争是一个巨大而可怕的例外"[12]。这种人性化战争的倾向在卢梭的《社会契约论》①中有呈现，即"甚至在战争期间，一个公正的大王"也会尊重某些权利和原则。然而，考虑到：

　　　　战争的目的既是摧毁敌国，人们就有权杀死对方的保卫者，只要他们手里有武器；可是一旦他们放下武器投降，不再是敌人或者敌人的工具时，他们就又称为单纯的个人，而别人对他们也就不再有生杀之权。[13]

　　但是，正如霍华德指出的那样，当涉及"与外来者、异教徒或野蛮人的战争时"，欧洲国家及其定居者发动的战争中"没有任何方式是被禁止的，所有被指定为敌人的人，无论是否携带武器，都可能被无差别地屠杀"[14]。

　　一个人看待敌人的角度在决定"我们"和"他们"之间战争的可能本质方面起着至关重要的作用。通常的情况就是，在文明的敌对各方之间的战争中，他们彼此能从敌人身上看到一些自己的东西，那么，就如第四章所指出的那样，一旦他们解除了武装，那么他们"就重新获得了作为上帝的孩子或文明社会成员的所有权利"。然而，如果敌人不被视为人类的一员，"那么，他是否穿着制服和拿着武器是没有差异的——不管他是个男人、【133】女人或孩子。他不比一个野生动物或昆虫拥有更多的权利"[15]。将敌人比喻成昆虫或害虫在战争年代之前和之中都是非常普遍的现象，即假设人类坐在进化树的顶端，那么人类之下的任何东西都必然是劣等的，其道德价值也较低。类似的动力关系经常能够在征服者和殖民者描述他们征服目标的方式中看到。例如，英国人倾向于将爱尔兰人形容和描绘成具有类人猿特征，或更糟，并且经常依此去对待他们。在 17 世纪早期成为英格兰国

---

① 卢梭：《社会契约论》，何兆武译，商务印书馆，2014，第 15 页。——译者注

王詹姆士的司法部部长时，约翰·戴维斯爵士写道：

> 在一块土地获得良好的肥力之前，农夫必须首先耕耘这块土地；当这块地被彻底耕耘和施肥时，如果农夫不能立即往里面播散良种，那么它将再次变成荒野，除了杂草什么也不能在其中生长。同样，一个野蛮国家在它有能力成为一个好政府之前必然先被一场战争所摧毁；当它完全地被抑制和被征服时，如果不能在征服之后得到良好的培育和治理，那么这个国家很快就将回归到之前的野蛮状态。[16]

因此，爱尔兰的"杂草"既没有被连根拔除或铲掉，也没有被强力地培育成为大不列颠人。

遵循这些更接近家园的早期经验，欧洲的征服者们将类似的思路和实【134】践延伸到"攻破"和"取代"他们殖民地上的美洲印第安人和其他土著人身上。[17]例如，卡尔顿·凯普·艾伦（Carleton Kemp Allen）就声称，"一只蚂蚁的无意识行动和一个澳大利亚土著的部落习性之间并没有太大的差异；事实上，蚂蚁在很多方面都要更胜一筹"[18]。在这种非人的特征化背景之下，像爱尔兰人这样的土著人经常被持续性的暴行所屠杀掉，尤其是在无法无天的边境冲突期间。两种不同战争模式的典型例子——一个据说很有骑士风度，而另一个无所禁止——就是"法国战士和英国战士对待彼此的方式，即使他们是敌人，与他们对待印第安人的方式之间的对比，就提供了两类战争的教科书式的案例"[19]。

这里的关键点是，长期以来，把自己的敌人塑造成比人类更低级或更不像人类的想法，对不同的民族或国家在接触时如何对待彼此产生了影响，尤其是在战争时期。正如第四章指出的那样，第一次世界大战后不久，法学家赖特提出了一个由这种情况引起的关键问题，他问道：尽管人们对自己的敌人有自己的看法，但战争的常规原则肯定适用于这种情况吗？[20]在回应赖特的问题时，美国陆军上尉埃尔德里奇·科尔比认为，真【135】正的区别是存在的，这必然会导致"战争中不同的正当信念（doctrines of decency）"[21]。战争中不同的正当信念取决于一个人如何看待自己的敌人，这就否定了现在广泛认同的法律和道德指导原则，而这些原则力求限制战争时期的行动。虽然我们可以臆断这种思想是"狂野西部"的遗俗，而且相信人类确实在过去的两三个世纪里取得了明显的道德进步，以及我们现在承认并将我们的敌人像人类一样对待，但可悲的是情况并非如此，正如最近卢旺达和南斯拉夫展示的残酷事实那样。

第二次世界大战是野蛮和暴行在20世纪的一个极其恐怖的案例，这些野蛮和暴行源自对对手或敌人的妖魔化和非人化。虽然欧洲战场是大屠杀和城市地毯式轰炸的发源地，但太平洋战场的战斗也被描述为"以第二次世界大战的标准来看也是残酷的"。[22] 查尔斯·林德伯格（Charles Lindbergh）的日记证实了太平洋战场上因对战士的妖魔化和非人化所导致的极其丑陋的结果。在1944年7月13日的这一天，他写道：

> 必须坦率地承认，我们的一些士兵折磨日本囚犯，有时和日本人一样残忍和野蛮。我们的人认为射杀日本囚犯或试图投降的士兵并不是什么大不了的事情。他们对日本人的尊重不比他们给予一个动物要多一些，并且几乎每个人都容忍了这些行动。[23]

当军队接收到托玛斯·布列梅（Thomas Blamey）将军1943年1月在 【136】巴布亚新几内亚对与日本人作战的大洋洲军队所做的那场演讲时，这样的结果是完全可以预料到的。他宣称，"你们的敌人比你们低劣，这种认知有助于你们获得胜利"。布列梅继续坚称，"如果我们和我们的家庭要想生存……如果要拯救文明，我们就必须坚持到底。我们必须消灭日本人"。然而，他警告说，"跟日本人作战与跟正常人作战不一样"，因为"日本人是有点野蛮的人"，因此"我们不是在和我们所认识的人打交道。我们是在和未开化的人打交道"。正如约翰·道尔（John Dower）所指出的那样，日本领导人使用了许多同类的语言"号召他们'纯洁的'国人将美国人（Anglo-American）赶出亚洲，甚至完全消灭他们"[24]。双方将对手非 【137】人化的做法不可避免地会导致某种虐待和暴行，而作为个体，一个人通常不会考虑对人类同胞实施这样的罪行。正如罗伯特·麦克杜格尔（Robert MacDougall）所说的那样，在太平洋的战场中，"每一种新暴行的报道只会引发更深的仇恨，造成了一个极大地助长战争残酷的恶性循环"[25]。

在欧洲，德国的神学家在19世纪就已经把"犹太人描绘成蜘蛛、成群的蝗虫、水蛭、巨大的寄生虫和毒虫"。在20世纪30年代，"随着希特勒将犹太人称为'瘟疫''典型的寄生虫',以及'比黑死病更糟糕的杆菌携带者',纳粹分子就夸大了这种长期存在的隐喻"。希特勒的宣传部长约瑟夫·戈培尔(Joseph Goebbels)进一步宣称,"既然跳蚤是一只令人不快的动物,那么我们没有义务留着它、保护它及让它兴旺地繁衍下去,让它刺疼和折磨我们,相反,我们有责任消灭它。对待犹太人也应该用相同的方式"。正如埃德蒙·拉塞尔所指出的那样,在纳粹德国,"隐喻和'现实'混在一起难以区分",这在犹太人"像昆虫一样被蓄意消灭"的行动中发挥了至关重要的作用。[26] 相应地,德国士兵被盟军描绘成"'像腐烂树桩下不安的蠼螋'一样四处奔跑"。如拉塞尔强调的那样,对战争中的双方来说,"通过对敌人的非人化、动物性隐喻能够降低在战斗中杀死人类的负罪感"。并且"种群等级'越低',负罪感就越低,很少有比昆虫更低的种群了"[27]。对此,拉塞尔的解释是,"虽然道德经常出现在关于人类战争的辩论中,但它从来没有进入到杀死昆虫的争论中"。他认为,"道德问题有助于解释对人类敌人的昆虫隐喻的受欢迎程度",因为长期以来人们认为"征服自然是一个道德责任问题,而不是一个道德困境,因而征服昆虫为人类战争提供了一个极其有用的隐喻"。[28] 这部分解释了为何人们能够对他们的人类同胞犯下如此难以想象的暴行;因为他们不再将这些同胞视为像他们自己一样的个人,而是一群同质的无名的且无面孔的虫子,这些虫子应该得到报应。作为能自由思考又受道德约束的个体,大多数人无法想象人们能对自己的人类同胞犯下这样的暴行。

为战争做准备的我们与他们

鉴于第二次世界大战的暴行规模,我们可能会希望和期待人类已得到了一些有价值的教训,如果战争不可避免,至少也会以一种相对文明的方式进行战斗。但是从20世纪下半叶发生的许多内战的残酷程度来看,以及考虑到我们周围目前正在发生的战争,事实显然不是如此。我现在将视角转回到阿富汗战争、伊拉克战争以及更广泛的反恐战争上,目前这类冲突以这种或那种方式占据着很多人的头脑。那些专业的志愿武装部队的男人和女人如何能允许他们自己或被允许去犯下那些被广泛报道的恶行呢?

【138】
【139】

回想桑斯坦关于团体走极端倾向的警示，尤其是当他们确信他们正在合法权威指导下行动且牢记着伯瑞比关于我们倾向于凭臆想去判断其他集体的思想和行动的警示，如此令人遗憾的情况可能是会发生的。但那并不能成为情况发生的借口。

一位退役的美国海军陆战队中士马丁·史密斯（Martin Smith）回忆起在他最初的训练或新兵训练营中的情景，"新兵是如何只用第三人称说话的，新兵因此是如何将'我'这个词从我们的字典中去除掉以及把我们自己和以前的平民身份分开的"。他接着描述了"一种新兴的群体心态是如何通过一系列有组织的仪式性练习去摧毁和贬低我们而建立和强化的"。史密斯中士进一步概述道：

　　重建新兵并把他们塑造成未来军队的过程是如何建立在一个认为自己与外面的人是对立的团队的基础上的。在经历第一阶段训练的最初震惊之后，教官们为了训练新兵去克服对杀戮的恐惧或偏见，就向他们灌输要把敌人非人化。

如史密斯中士所见到的那样，结果是"海军陆战队员对'另类'阿拉【140】伯人的仇恨正是源自我们最初克服恐惧和厌恶的训练"[29]。

一位匿名的海军陆战队新兵转述了新兵营中另一个令人不安的故事，关于"《日内瓦公约》是如何被讨论的，无论如何，总的一句话就是只要没有被抓到，公约的规则是可以打破的"。他回忆起了一名教官竟然说"现在，假设你要给一名倒下的敌人士兵提供医疗救助。但是如果他们正在流血，那么比起你去帮助他们止血的需要来说，采取更多的武力是没有任何错误的"[30]。与这些观点形成鲜明对比的是，美国军事学院的安东尼·哈特尔（Anthony E.Hartle）上校认为，特别是当民主国家开战时，"通过自由和个人主义的观念能够而且应该形成一个独特的道德基础"。那么，在这种情况下，"就有一种真正的道德差异限制了"他们发动战争的"方式"。[31] 在这里我并不是故意要把美国军队单独挑出来说，因为他们远不止滥用职权；并且大多数从事职业活动的军人被少数不遵循职业道德的人不公平地玷污了。在许多军队中都有证据确凿的虐待和暴行的案例，包括联合国维和部队。

上面叙述的可能只是轶事，它们并没有全面准确地描述参与反恐战争【141】

各条战线的众多武装部队的军事训练情况，然而，它们揭示了这种虐待行为的种子是如何埋下的。尤其是关于阿布格莱布监狱的虐待事件，社会心理学家认为，"在一个有利于侵略和囚犯被认为是令人厌恶和非人的环境中，顺从同事和服从权威的共识原则是虐待行为普遍存在的原因"。同样重要的是，"社会心理学家"的研究表明，在暴行和虐待发生的社会环境中，"我们也应该让负责任的同事和长官掌控权力"，在一些情况下甚至是鼓励或者至少不应该是阻止他们掌权。社会从众和服从并不必然导致坏的结果，因为它们"是中立的，但它们的影响可能是高尚的或邪恶的"。在很大程度上，这种影响取决于来自负责人的命令或信息的性质。本质上，"在复杂社会力量影响下的普通个人可能会从事邪恶的行动"，政治和军事领袖知道或者应该知道这一点，因此他们应该谨慎地选择诱导性话语。"向虐待的灾难性下滑是可以避免的"，因为"鼓动和允许虐待的社会环境能够且同样容易被控制，从而阻止虐待的发生"。[32]

【142】 虽然这听起来似乎与盲目服从命令的想法有些矛盾，但对于任何军队的人员来说，这种情况都很少是绝对的。相反，几乎每天，我们每一个人，包括军队成员，都被要求进行判断并用合理的道德推理来决定是非。大多数时候我们做对了，有时候我们也会做错，导致这些状况经常是因为我们不再认为自己是应该对我们的行动负责任的个体，而是顺从了群体意志却忽视了自己更好的判断。尤其是在一个民主国家中，当我们知道有些事情是错误或不正义的，人们应该期望或有义务去追问、去质疑假设，以及去检举不法分子。为部队做好应对这种情况的准备并提高批判性思维和决策技能的训练对任何群体都是一种财富，它不会像某些人可能认为的那样破坏群体的团结。相反，这会让群体变得更加强大，并成为更好的集体决策者。

结论

存在不同的群体是生活中的一个事实，在我们的世界里存在无数"我们"和"他们"的联盟——这并不一定是件坏事，差异和多元化通常都是好事。有时候这些群体愿意和其他群体进行合作，而在其他时候则与其他
【143】 群体进行竞争，这也是一个事实——这也不一定是件坏事，合作和健康的

竞争对于所有相关的人来说可能都是件好事情。然而"我们"与"他们"之间的群体竞争欲望有时候会逐步升级或下降成战争，尤其是在物资匮乏的年代，这似乎也是生活中的一个事实——这是一件坏事，而且可能会变得更坏。因为所有这样的冲突经常会受到将敌对的其他人妖魔化和非人化的破坏，进而导致虐待和暴行——这是一件非常糟糕的事情，但事实并非必然如此。

战争时期通常是不确定的时期。这是一个人们寻找答案和安慰的年代，在恐怖主义威胁加剧的时期，情况可能更是如此。面对恐怖主义的不确定性，经常是由于人们对谁是恐怖分子、恐怖主义会在哪发生以及为何会发生恐怖主义等，都普遍缺乏了解。任何个人或政府都不可能有能力回答由恐怖主义和更广泛的战争的威胁所引起的所有问题，这是可以理解的。但政府必须有能力为不安的公众提供答案。他们也觉得需要能够指出一个容易识别的敌人，明晰恐惧和不确定性的原因，以及向公众确保事情在他们的掌控之下。正如大卫·基恩指出的那样，尤其在恐怖年代，如果政府紧握权力，"敌人必定会被发现、被标定、被孤立以及被消灭"。政府和军【144】队若试图展示掌控一切的气氛，特别关键的一点就是"识别敌人可以为不确定时代的公众提供确定性的认知满足感"。当然，在这样的环境中，有一种趋势是既要"扩大敌人的定义"，又要"在敌人中间贴上邪恶的标签"，这两者"为反恐怖的战术和滥用职权提供了空间"。正如在所有的战争中，"关于特定敌人的妖魔化为那些声称要与这些妖魔战斗的人实施虐待创造了空间"。[33] 例如，关于反恐战争，大卫·基恩注意到：

> 当华盛顿和伦敦的决策者们计划在伊拉克开战时，目标国家和恐怖分子形成了鲜明的对比。在看不见和难以找到恐怖分子的地方，正好就是伊拉克在地图上面印着"伊拉克"的位置——一个可识别的、不可移动的敌人。但对被送往伊拉克的盟军士兵来说，情况又再次颠倒了过来，因为敌人再次变得难以找到和看不见。这就导致了那些因为具有可接近性而被简单确定为攻击目标的新危险——囚犯是最容易被接近的人了。[34]

战争中的暴行未必如此普遍，但正如哈特尔上校所说的那样，"战争的恐惧和暴力刺激了残忍的和不人道的行动。没有强有力的领导和集中培训，这些行动是不会产生的"。很明显，"大规模的暴行通常牵涉一个组织或政府的支持、默许和解释"。哈特尔继续解释道，"当政府或军事机【145】构助长恐惧和认可暴行时，大规模暴行更有可能产生"。另一方面，当"官方声明"和政治与军事领袖"强力禁止对囚犯和贫民进行虐待时，大规模暴行就不太可能产生"。然而，当官方声明和领袖人物"妖魔化敌人并利用战士们的恐惧时，暴行就会不可避免地出现。当指挥系统容许过分的暴行且鼓励指向囚犯或非战斗人员的暴力时，唯一的问题就是即将产生的暴力究竟会有多大的规模"[35]。

战争时期虐待和暴行的种子经常在战斗真正开始之前就已经播种好了。萨姆·基恩（Sam Keen）在《敌人的面孔》中写道，首先"我们在武器出现之前制造敌人。我们想要其他人去死，然后就发明了那些真正能杀死他们的战斧或弹道导弹。宣传会先于技术"[36]。当政治和军事领袖们（以及媒体）忍住不在他们公开和私下的声明中妖魔化敌人，那么施加于敌方战士和平民身上的虐待和暴行发生的可能性就要小得多。那些做宣传工作和从事恐惧政治的人必须对他们的言辞负责，就如军队应该对他们的行动负责一样。正如鲁德亚德·吉卜林（Rudyard Kipling）所认为的那样，"言辞是人类使用的最厉害的毒品。言辞不仅能够传染、使人自我陶醉、使人麻醉和麻痹，而且它们能够进入大脑细胞且给大脑中最小的细胞上色"[37]。

【146】俗话说得好，笔和言辞可能会比剑更强大。但是像许多权力一样，这种权力是用于实现积极的还是消极的结果，在很大程度上取决于谁的手或嘴拥有这种权力。说话的人能够拥有比执剑的人更大的权力，他们需要牢记这一点并谨慎地选择自己的言辞，要充分地知道他们对敌对他者的妖魔化和非人化可能会导致战争的非人化，并极大地增加滥用职权和暴行的可能性。

注释

1. "Sweet Seymour Skinner's Baadasssss，" *The Simpsons*（Gracie Films and 20th Centuey Fox Television，airdate April 28，1994）.

2.Cass R. Sunstein, *Going to Extremes*：*How Like Minds Unite and Divide*（New York：Oxford University Press，2009），2；emphasis in original.

3.Edward W. Said，"Afterword，" in *Orientalism*（New York：Vintage Books，2003），331-2；emphasis in original.

4.David Berreby，*Us & Them：The Science of Identity* （Chicago and London：University of Chicago Press，2008），xi.

5.Berreby，*Us & Them*，xii；emphasis in original.

6.参见 Daniel Jonah Goldhagen，*Hitler's Willing Executioners：Ordinary Germans and the Holocaust*（New York：Vintage，1997）。

7.Ken Booth，"Discussion：A Reply to Wallace，" *Review of International Studies* 23，no.3（1997），374.

8.Primo Levi，*The Drowned and the Saved*，trans. Raymond Rosenthal （New York：Vintage International，1989），200.

9.Corey Robin，*Fear：The History of a Political Idea*（New York：Oxford University Press，2004），2-3.

10.Linda Melvern，*Conspiracy to Murder：The Rwandan Genocide* 【147】 （London and New York：Verso，2006）；Philip Gourevitch，*We Wish to Inform you that Tomorrow we will be Killed with our Families：Stories from Rwanda*（New York：Picador，1998）.

11.David Keen，"War Without End? Magic，Propaganda and the Hidden Functions of Counter-terror，" *Journal of International Development* 18，no.1 （2006），95.

12.Michael Howard，"Constraints on Warfare"，in *The Laws of War：Constraints on Warfare in the Western World*，eds. Michael Howard，George J. Andreopolous and Mark R. Shulman（New Haven，CT：Yale University Press，1994），5.

13.Jean-Jacques Rousseau，*The Social Contract*，trans.Maurice Cranston （Harmondsworth：Penguin，1968），Book I，Chap.4，57.

14.Howard，"Constraints on Warfare，" 3，5.

15.Howard，"Constraints on Warfare，" 8.

16.Sir John Davies，*Historical Relations：or，a Discovery of the True Causes Why Ireland Was Never Entirely Subdued Nor Brought under Obedience of the Crown of England until the Beginning of the Reign of King James of Happy Memory*（Dublin：Samuel Dancer，1664），4–5.

17. 参见 James Muldoon，"The Indian as Irishman，" *Essex Institute Historical Collections* 111（1975），267–89。

18.Carleton Kemp Allen，*Law in the Making*，second edition（Oxford：Clarendon Press，1930），26.

19.Howard，"Constraints on Warfare，" 5.

20.Quincy Wright，"The Bombardment of Damascus，" *American Journal of International Law* 20，no. 2（1926），266.

21.Eldridge Colby，"How to Fight Savage Tribes，" *American Journal of International Law* 21，no.2（1927），279.

22.Tarak Barkawi，"Peoples，Homelands，and Wars? Ethnicity，the Military，and Battle among British Imperial Forces in the War against Japan，" *Comparative Studies in Society and History* 46，no. 1（2004），149–50.

23.Charles A. Lindbergh，*The Wartime Journals of Charles A. Lindbergh*【148】（New York：Harcourt Brace Jovanovich，1970）.

24. 参见 John W. Dower，*War Without Mercy：Race & Power in the Pacific War*（New York：Pantheon，1986），69–73。

25.Robert MacDougall，"Red，Brown and Yellow Perils：Images of the American Enemy in the 1940s and 1950s，" *Journal of Popular Culture* 32，no.4（1999），63.

26.Russell，"Speaking of Annihilation，" 1520. 也可参见 Caesar C. Aronsfeld，*The Text of the Holocaust：A Study of the Nazis' Extermination Propaganda*，1919–1945（Marblehead，MA：Micah Publications，1985）；Jeffrey Herf，*The Jewish Enemy：Nazi Propaganda during World War II and the Holocaust*（Cambridge，MA：Belknap Press，2006）。

27.Russell，"Speaking of Annihilation，" 1512.

28.Russell，"Speaking of Annihilation，" 1528.

29.Sgt. Martin Smith，USMC，Ret.，"Learning to be a Lean，Mean

Killing Machine,” *Counterpurich*, February 20, 2007 <www.counterpunch. org/ smith02202007.html>.

30.Anonymous, “Enlightenment at Boot Camp Leads to Discharge,” Committee Opposed to Militarism and the Draft <www.comdsd.org/ article_ archive/EnlightenmentBootCamp1-07.htm>.

31.Anthony E. Hartle, “Atrocities in War: Dirty Hands and Noncombatants,” *Social Research* 69, no. 4（2002）, 978.

32.Susan T. Fiske, Lasana T. Harris, and Amy J. C. Cuddy, “Why Ordinary People Torture Enemy Prisoners,” *Science* 306（November 2004）, 1482-3.

33.Keen, “ War Without End?” 97, 95, 98, 103, and 89.

34.Keen, “War Without End?” 101.

35.Hartle, “Atrocities in War,” 965- 6; emphasis in original.

36.Sam Keen, *Faces of the Enemy*: *Reflections of the Hostile Imagination* （New York: Harper & Row, 1988）, 10.

37. 鲁德亚德·吉卜林（Rudyard kipling）1923 年 2 月 14 日在伦敦的【149】 林肯酒店皇家外科学院年度晚宴上的讲话，次日，《时代周刊》刊发了这篇 讲稿，该讲稿以《外科医生与灵魂》为题收录在《文字之书》（*A Book of Words*）（London: Macmilln,1928）。再版参见 Rudyard Kipling, *A Book of Words*: *For My Friends Known and Unknown*: *Selections from Speeches and Addresses Delivered Between* 1906 *and* 1927（Rockville, MD: Wildside Press, 2007）。

第七章　战争中的文明？

　　对于一本关于文明与战争的书来说，探究文明社会之间的战争问题似乎是合适的。随着冷战的结束，尤其是"9·11"事件以来，人们产生了一个日益深刻的印象，即我们所属的各种文明从根本上来说是相互矛盾的且倾向于产生冲突。当涉及西方与中东地区之间的关系时情况更是如此，一些观察家将它们的互动历史界定为一系列反复或持续的对峙和冲突——从11世纪开始的十字军东征（1095—1291）到"9·11"事件之后发生在中东和阿富汗的众多事件。[1]这反过来引起了关于一方或另一方如何或为什么最终会在文明冲突中获胜的主张和争论。[2]不幸的是，对冲突和对峙的全神贯注遮蔽了许多文明的共同之处，也忽视了几个世纪以来的移民、融合与和平的合作。

　　为什么我们倾向于认为文明之间会发生冲突？其中一个原因就是亨廷
顿所提出的著名的、有影响力的"文明冲突论"。在概述这个论点时，他断言，在后冷战世界中冲突的基本来源必将是文明的。也就是说，"文明之间的断层线就是未来的战线"，而且，"文明的冲突将主宰全球政治"。[3]1991年至2001年之间发生在南斯拉夫的暴力冲突为支持这个冲突论提供了证据，发生在苏联即俄罗斯境内以及俄罗斯与其前加盟国之间的冲突也是如此。甚至将2000年奥林匹克运动会主办权授予悉尼而不是北京的投票，也被认为是文明阵线在投票基础上的胜利。[4]2001年"9·11"事件以及随后的全球反恐战争，包括由美国领导的反抗伊拉克和阿富汗叛乱分子的战争，都被说成是为这个冲突理论增添了更多的合理性。[5]

　　但是，国际关系和发动战争在很大程度上是国家事务，关于这些，文明研究又能告诉我们什么呢？依据汤因比的说法，可以告诉我们很多：他认为涉及世界历史和政治的研究，最合适或最明智的研究单位是文明社会，而不是民族、国家，甚至也不是时间的纪元或时段，他认为所有的这些都很容易导致一个人得出考虑不周的或不完整的结论。⁶唐纳德·普卡拉（Donald Puchala）在反思阿达·波兹曼（Adda Bozeman）的《国际历史中的政治与文化》（*Politics & Culture in International History*）时提出了类似的观点："那些国家及其英雄们通过几千年来无数次的冲突所展现的炫耀和焦虑，只不过是间歇性地重构了政治地理，亵渎了人类相当大一部【153】分的艺术和建筑遗产，浪费了财富，扼杀了数亿人的生命。"普卡拉补充说道，"国家之间的关系史——无论是城邦国家、帝国国家、中世纪国家、威斯特发里亚国家、现代国家、超级国家还是民族国家——是相当冗长的、通常令人不快的，而且在人类文化演进的过程中常常是全无意义的"。他坚持认为，相比国家之间的关系，"'民族'之间的关系史对人类具有更广泛的影响"⁷。

正如波兹曼很早就试图去解释的那样，"……政治与文化的相互作用已经在世界范围内加强"，并且这种作用已经发生在"国际关系的层面上，也发生在国家内部的社会生活和治理的层面上"。她总结道，"以领土为界、以法律为基础的西方型国家不再是（假定曾经是这么阐释的）国际关系实际运作中的核心原则，因此不应将其视为学术界的主导规范"⁸。波兹曼和普卡拉所指的那类关系就是众所周知的文明社会之间的关系。波兹曼"很早就得出结论，政治制度是建立在文化基础上的，因此今天的'国际'关系可以定义为'跨文化'关系"。这反过来导致了她认为"学术分析家和【154】决策者……如果他们能审视他们所面对的国家和政治体系的文化基础，他们在各自的使命中就会取得更大的成功"⁹。

什么是文明？

除了是国家的公民之外，我们大多数人也属于一系列不同的集体，这些都是我们身份的重要组成部分：家庭、俱乐部、社区、民族——这个名单可以延续很长。尽管这些集体许多是相对小且私密的，但我们大多数人还是被认为是归属于更大的一般被称为文明社会的集体。¹⁰即便如此，综观许多文明的人类历史，许多人实际上不太可能从文明身份、文明忠诚或文明归属的角度进行思考；我们的日常环境根本不能激发这种思考，我们倾向于在小得多的圈子里活动，在水平低得多的隶属关系上行动。因而，只有在极为罕见的情况下，人们才会认为自己的安全和福祉相关联于或直接依赖于他们所归属的文明（或文明社会）的安全和福利。但这并不意味着这种情况不会时有发生。[11]

【155】　虽然标准化的理想文明不容易分开或区分，但与标准化的理想文明相伴随的是人种学或人类学关于文明的描述，有时被称为"事实"的文明。更一般地说，文明既是文明化的过程，也是文明化的结果。它描述的是一个社会集体变得文明或者说是从自然、野蛮或不开化状态进步到文明状态的过程。文明被用来描述以显著的城市化、社会和职业分层、休闲时间的奢侈享受、艺术和科技的相应进步为特征的人类社会状态。根据现行标准建立起相当复杂的社会政治组织和自治政府的能力长期以来被认为是文明的核心要求，即文明的标准。[12]

雷蒙德·威廉姆斯（Raymond Williams）指出，"存在过文明被用作复数形式的关键时刻"。这种情况发生在"'文明'一词之后，而非'文化'（cultures）一词之后"；"法国的巴兰奇（Ballanche）（1776—1847）在1819年第一次明确使用了这个词。它先于英语被隐含用于暗指一个早期的文明，但直到19世纪60年代，它才变得到处可见"[13]。费尔南·布罗代尔（Fernand Braudel）同样指出，"'文明'这个词之前一直是单数形式，大约在1819年开始被用于复数形式"。在那之后，"它'倾向于呈现一种全新且完全不同的含义：例如，一个时期或一群人集体生活的共同特征'。因此，人们可以说五世纪的雅典（Athens）文明或路易斯十四时代的法国文明"[14]。

【156】　在这个术语的复数使用问题上，另一个法国历史学家卢西安·费弗尔（Lucien Febvre）指出，"文明只是指在一个人类群体的集体生活中能被观察到的所有特征，包括他们的物质的、智力的、道德的和政治的生活以及——很遗憾没有其他词语来形容它——他们的社会生活。这意味着，"他补充说道，"这个概念应该被称为文明的'人种学'概念……它是涉及一个群体的最重要的一个概念"。[15]法国社会学家埃米尔·迪尔凯姆（Emile Durkheim）和马塞尔·莫斯（Marcel Mauss）同样指出，"文明构成一种道德环境，包含一定数量的民族，每种民族文化只是整体的一种特定形式"[16]

可以说，在布罗代尔那里，"文明（或文化）是其文化资产的总和，它的地理领域是文化的范围，它的历史是文化的历史，一个文明传递给另一个文明的是物质的或智力的文化遗产或文化借用的案例"[17]。

布罗代尔进而断言，文明的研究涉及所有的社会科学，对他来说包括历史学、地理学、社会学、经济学和集体心理学。他将文明描述为地理区域，指出"文明社会，宽泛的或是其他形式的，总是可以在地图上找到"。他补充说道，"它们特征中一个重要部分取决于它们地理位置的限制或优势"[18]。谈到作为社会的文明，布罗代尔的假设是"没有社会支持以及激 【157】发其矛盾和进步，就不会有文明"[19]。然而，他指出，"我们不应该简单地混淆社会和文明……就时间尺度而言，文明意味和包含着比任何既定的社会现象要长得多的时期"。在说到作为经济的文明时，布罗代尔指出，"每一个社会，每一种文明都有赖于经济的、技术的、生物的和人口的环境"。正如其他人在谈到各种集体时指出的那样，"物质的和生物的条件总是有助于决定文明的命运"[20]。

最后，布罗代尔将文明称为思维方式，指出"在每一个时期，一种特定的世界观，一种集体心态，主宰着整个社会。控制一个社会的态度，引导它的选择，确认它的偏见和指导它的行动，这在很大程度上就是文明的事实"。而且，"它远不止是一个时期的偶然事件或历史与社会的环境，而是来自遥远的过去，来自几乎无意识的古老信仰、恐惧和焦虑——这是一种巨大的污染物，其病菌会被人们遗忘，但却能一代一代地传递下去"[21]。简而言之，布罗代尔认为集体无意识是任何文明的不可或缺的特性。

普卡拉总结了这个思想的整体思路，指出：

大多数分析家都同意……文明是人类社会的特定模式，这种模 【158】式以城市生活为中心，并以经济资源和劳动分工为基础，（1）使城市生活可行和可持续，（2）将精英从生产日常生活必需品中解放出来，从而为智力的和艺术的创造活动创造条件。

此外，"文明存在于空间中，在这个意义上，它们会在可识别的地方繁荣发展，会有代表性的地理中心和大致可追溯的文化边界"。它们"也存在于时间中，虽然时间通常相当长"[22]。重要的是，普卡拉坚持认为，"文明不是政治实体"；当然，"它们之中有政治组织，这些组织既可以保护文化不受外来力量渗透，也可以在文明有动机和机会交汇时，助其向外扩展"。[23] 最近，彼得·卡赞斯坦（Peter Katzenstein）同样抗议说，文明不是联合的和单一的政治行动者。[24]

马修·梅尔科（Matthew Melko）在不久前注意到斯宾格勒、汤因比和索罗金的思想纲要中一直都有相当多可质疑的主题："这些跨越数千千米和数千年的文明之间真的存在有意义的内在关系吗？应该有人把文明当作历史人物去描述其特征吗？"他说这些问题的答案是"绝对否定的"，在【159】很大程度上因为"斯宾格勒和汤因比的文明表现得如此美好，因为它们是虚构的创造物"。尽管拒绝了"系统构建者"以及他们"教条式的周期划分"，他认为"那些基本观念是成立的。文明之间真的存在有意义的内在关系，它们能被特征化，它们能区分彼此"。[25]

不是所有的文明分析家都同意或多或少是由汤因比、斯宾格勒、布罗代尔以及上述的其他人所共享的这些观点。部分是受汤因比另类解读的启发，大卫·威尔金森（David Wilkinson）将"文明"称为"关系网络"。具体来说，"文明是社会的一个物种，是一个具有独特性质和模式的关系网络；将共存的文明相互联系起来的外部关系网络，比其中任何一个文明的参与者之间的内部关系网络都要脆弱得多"。本质上，"如此构想出来的文明是丰富的、多元的、多层次的嵌入式网络"[26]。

诺贝特·埃利亚斯是另一个对此问题选取了完全不同方法的人，他更多关注在相当长的一段时间内特定民族之间的文明进程，而不是上述的那类文明。《文明的进程》（The Civilizing Process）非常详细地叙述了欧洲从中世纪后期到 20 世纪的个人教养、社会进步和政治发展的模式和进程。【160】第一卷"礼仪的历史"（The History of Manner）主要是关注不断变化的社会习俗，从禁止暴力到性行为再到餐桌礼仪，其中宫廷精英起着主导作用。第二卷"国家形成与文明"（State Formation and Civilization）聚焦于欧洲国家形成的过程，包括典型的现代公民在不断演变的欧洲国家的发展中所起的作用。[27] 埃利亚斯研究文明进程而不是文明，这种研究思路被斯蒂芬·门内尔（Stephen Mennell）扩展到了美国，而安德鲁·林克雷特又将同样的普遍原则应用到了全球层面。[28]

文明的研究

普卡拉指出许多明确致力于文明研究的重要工作都发生在 20 世纪 50 年代和 60 年代,因此此类研究工作"相当陈旧"。更陈旧的是詹巴蒂斯塔·维科(Giambattista Vico)1725 年的《新科学》(*La Scienza Nuova*),该书被称为早期的"领域经典",维科在书中将文明描述为通过 3 个不同的时代或阶段以周期性的循环方式发展。[29]另一个经典是汤因比的《历史研究》,在书中,他追溯了他所认为的世界重要文明的起源、兴起和衰落。汤因比鉴别出"5 个至今仍存在的社会文明,以及已消亡社会的各式各样的化石证据"[30]。这 5 个被认为依然活跃的文明是西方的基督教文明(Western 【161】Christendom)、东正教文明(Orthodox Christian)、伊斯兰文明(Islamic)、印度文明(Hindu)和远东文明(Far Eastern)。他最初总共确定了 19 个不同的社会或文明:"即西方、东正教、伊朗、阿拉伯(这后两个现在合并成了伊斯兰)、印度、远东、希腊(Hellenic)、叙利亚、印度分支、中国、米诺斯、苏美尔、赫梯、巴比伦、埃及、安第斯、墨西哥、尤卡坦、玛雅。"不过,汤因比补充说道,"也可以将东正教社会分为拜占庭东正教(Orthodox Byzantine)和俄罗斯东正教社会,将远东分为中国和日韩社会"[31],这样就一共有 21 个文明。

关于汤因比的历史结构纲目的重要批判之一就是他同时在地理上和时间上划分了不同文明之间的界限,而将文明用作一个重要分析单位的思想并没有引起太多的反对意见。例如,威尔金森就指出,卡罗尔·奎格利(Carroll Quigley)同样确定了 16 个不同的文明,其中仅有两个继续存活了下来,那就是西方文明、东正教文明,或许还有日本文明。菲利普·巴格比(Philip Bagby)通过区分主体文明和次要文明、从属文明和边缘文明之间的关系而提出了一个广泛的清单,其中仅有西方文明和 3 个边缘文明(东方文明、中国文明和印度文明)幸存了下来。拉什顿·科尔伯恩(Rushton Coulborn)以相似的方式提出了 5 个现存文明的弹性理论,这 5 个文明是中国文明、印度文明、伊斯兰文明、拜占庭文明和西方文明。[32]亨廷顿后来 【162】确定了 7 个或 8 个现存的文明,即中国文明、日本文明、印度文明、伊斯兰文明、东正教文明、西方文明、拉丁美洲文明,或许还有非洲文明。[33]

对汤因比的文明识别研究，两个可能的反对观点是（1）这些文明几乎没有共同之处，它们在很大程度上是不能比较的；（2）没有21个不同的文明，只有一个——西方文明。针对第一种批判，汤因比坚持认为，作为"明白易懂的研究领域"，这21个文明是同一属内的物种，并且"有一个共同的特征，那就是只有它们是在文明的进程中"。[34]他进一步指出：

> 不言而喻，有些文明可以追溯到"历史的开端"，因为我们所说的历史就是"文明"社会中人类的历史，但是如果所谓历史是指人类在地球上生活的整个时期，我们就会发现，产生文明的时期远非与人类历史同龄，它只涵盖了人类存在期的百分之二，即五十分之一。

既然如此，"那么，对我们进行比较研究的目的来说，可以假定我们的文明彼此之间是充分同步的"[35]。

第二种批判涉及"文明的单一性"，它是基于"西方文明将它的经济体系遍及了全世界"的观念，以及与这种"经济统一"相伴随的是"政治统一，

【163】 并且在相同的基础上政治统一走得更远一些"，因此，我们能够得出这样的结论，即"当代世界的所有国家都是部分源于西方的单一政治体系"。汤因比坚持认为，文明单一论是一种误解，其基础是"假设只有一条文明之河，即我们自己的（西方的），而所有其他文明要么是这条河的支流，要么就消失在沙漠中了"。这个误解反过来又基于三种幻觉："自我中心的幻觉、'不变东方'的幻觉，以及线性进步的幻觉。"自我中心的幻觉是许多人都会犯的一个过错，而不仅仅是西方人会犯。不变东方的幻觉"是如此明显缺乏深入研究基础的普遍性幻觉，以至于探究其原因是没有多大兴趣或重要性的"。最后，线性进步的幻觉是人类倾向于过度简化所有事物的一个例子，包括"像竹子的各个部分一样，以一系列首尾相连的方式"[36]对历史进行分期。

许多思想家在讨论西方启蒙运动及其知识分子后裔时都运用了这个批判（和类比）。例如，约翰·格雷（John Gray）认为，"在理性和普遍文明的核心启蒙计划中，文化差异在政治上被边缘化，这在启蒙哲学历史的每一点上都有体现"。而且，"那些独特的文化本体及其构成的历史就像

【164】 溪流，其命运是不可抗拒地流入普遍人性的大海"[37]。

一个最近关于使用文明作为分析单位的问题是一个反对观点，即认

为文明不是一些人所认为的那种统一的和单独的行为者；相反，将大多数文明看作是具有某种程度差异的内部多元化状态更有助于思考问题。[38] 然而，尽管内部存在多样性，但上述的那些文明都巧妙地将自己融入了相互比较的过程，因为这个被广泛接受的文明概念正是指一个具有共同文化特征、共同历史以及公认的价值观和信仰体系的庞大而复杂的社会政治体。就如许多与早期的"国际文明比较研究学会"（International Society for the Comparative Study of Civilizations）相关联的学者们在他们自己的作品中强调的那样，任何特定的文明之所以被认为是一种文明，是因为它具有共享价值观和共同的可识别特征，这意味着概括此文明的普遍性特征是可能的。[39] 而且，正如普卡拉所强调的：

> 充分发达的文明有其书面语言、文字和文学作品、艺术和建筑的风格、哲学体系、道德准则，以及在神圣的经文中得到确证和被正式的神学所阐释的高级宗教。它们也有作家、艺术家、建筑家、哲学家、法学家和神学家。它们有学术机构、大学、圆形剧场、戏院、美术馆、博物馆和图书馆。文明有它们自己的历史学家去书写它们自己的历史。[40]

文明的关系

【165】

如上所述，在文明之间的关系问题上，最新、最重要的贡献是亨廷顿的具有煽动性和影响力的"文明冲突"论点。这个冲突论的基础是一个假设，即不同的文明或文化群体有着截然不同的生活方式，这些方式被认为是以基本上不相容的价值观和信仰体系为基础的。亨廷顿的论点引发了来自不同领域和角度的大量关注、争论和批判。[41] 它遭到驳斥的理由多种多样，包括它是基于轶事证据、歪曲了世界事务的实际状况，等等。[42] 人们认为真正的冲突正发生在各个文明之内。[43] 一些人试图通过对过去的战争和冷战后的冲突进行分类和量化来证明这一点，他们得出的结论是，文明内部的冲突即使不比文明之间的冲突更常见，至少也是同样常见的。[44] 这些研究很重要，因为它们告诉我们是否已经发生了碰撞和冲突，但这些研究不一定能告诉我们为什么会发生碰撞。是因为根本性的差异和互不相容的生活方式，还是因为其他的个人、社会和国家等诸种原因使得文明之间有时会发生碰撞？

【166】　　在亨廷顿重振冷战结束后的文明冲突论之前，加拿大学者、外交官兼政治领袖莱斯特·皮尔逊（Lester Pearson）早些时候就警告说：

> 我们现在正在进入一个时代，在其中不同的文明将不得不学会在和平交流中并肩生活，相互学习，研究彼此的历史和理想以及艺术和文化，同时丰富彼此的生活。在这个拥挤的小世界里，另一种选择是误解、紧张、冲突和灾难。[45]

随着冷战的结束导致苏联的痛苦解体，以及南斯拉夫更加暴力的分裂，亨廷顿对世界政治未来的描述有力地表明：或许冲突和灾难，而非和平交流和共同富裕，才是当今世界的主流。

关于文明冲突的推断直接使得联合国宣布 2001 年为"文明对话年"（the Year of Dialogue among Civilizations），这一活动在 2005 年逐步演变为正在进行的新举措——"联合国文明联盟"（United Nations Alliance of Civilization）。同样，作为统一后德国的第一任总统，罗曼·赫尔佐克（Roman Herzog）也非常认真地对待这一论题及其影响，明确地设计了一套策略来预防这一问题，乔纳森·萨克斯（Jonathan Sachs）拉比也是如此。[46]不管一个人是否赞同文明冲突论，或将文明作为分析单位的优越性，亨廷顿在专注于价值性的重要性方面并不是孤独的。巴格比很早就指出过，"观念和价值"

【167】是"最包容的文化现象……它们包含了最多的个体文化特质的内容，以及……正是这些观念和价值在整合和区分我们的文明"[47]。同样地，波兹曼认为，"既然在所有的人类社会中都可以假定思想先于行动，那么我的结论就是，探究和分析应该集中于人们的精神和道德信念，无论是宗教信仰、哲学观念还是意识形态；应该集中于每个社会内在的基本价值观和规范，以及对外部世界的超越时间的感知"[48]。普卡拉也认为，"文化内容上的差异是文明之间最重要的差异。当不同的文明汇聚到一起时，正是它们各自文化中的艺术品、制度、观念、符号、神话、仪式以及它们的意义在相互斗来斗去"[49]。

尽管文明冲突论通常被认为在困难时期才有影响力和吸引力，但从长远的历史视角看，布罗代尔指出"事实上，文明的历史就是文明之间几个世纪以来持续不断地相互借鉴的历史，尽管如此，每个文明都保持着自己的最初特征"[50]。普卡拉似乎赞同这个观点，他指出"文明之间相互邂逅的最常见的结果就是文化之间的借鉴，这种借鉴不仅会导致借鉴文明的文化日益丰富，也会导致文化的相互融合"。他认为，产生这种结果的首要原因是最常见的"邂逅往往发生在不同成熟度的文明之间"。对于那些不【168】太适应使用文明作为分析单位的人来说，这些邂逅相当于埃利亚斯所描述的处于文明进程不同阶段的人们或社会之间的聚会。普卡拉继续坚称，"历史上，最重大的文明邂逅是帝国行为造成的"。他进一步认为，联合帝国的角色"与文明的命运有很大的关系"。他声称，这"不仅仅是使国家进入文明间关系的另一种方式"，而且，"它意味着只有某些国家而且是相当少的国家对人类文明史产生了影响"，这种影响通过保护或拓展"那些与他们相关的文明，或者在这方面失败"的方式进行。[51]

　　这一论点并不能排除文明之间或大型文化团体之间的暴力冲突，因为战争，尤其是征服战争，是思想和技术从一个群体传播到另一个群体的一种方式。历史学家威廉·H.麦克尼尔（William H.McNeill）指出了这种交流的其他方式。在《西方的崛起》（*The Rise of the West*）中，他"追随着汤因比和他的前辈们，将不同的文明视为世界历史的主要参与者"，并试图强调"交通和通信的零星变化将农作物、思想、技术和疾病从一个地方传播到另一个地方，这种传播既可以发生在特定文明中，也会跨越文明的边界"。[52]其他人同样试图去证实在所谓的"黑暗世纪"之后，"资源组合链"（思想、制度和技术）从东方，尤其是从中国和中东地区的转移是如【169】何成为欧洲崛起的重要因素的。[53]

　　后来，麦克尼尔和他的儿子罗伯特在《人类之网》（*The Human Web*）中进一步证实，"人类从最早的婴儿期就陷入了一个控制我们意识并在各个层面协调群体行为的社会交往网络中"。而且，他们认为：

　　　　既然交流可以通过手势和语言来实现，既然每一个人类群体都有其邻居且至少能够偶遇他们，那么，人类交流的网络就总是包含整个人类，即使几个世纪甚至上千年来陆地屏障阻断了所有的交往，却也存在跨越海洋屏障的零碎接触。

　　他们进一步指出，事实上，"不像达尔文的加拉帕戈斯雀（Darwin's Galapagos finches），即使在人类散布到了整个世界之后，人类仍然是单一物种，这就证明人类基因的接触和融合从未长时间地中断过"。在他们的研究中，麦克尼尔父子确证：

> 存在不同层次的多个网络——在地方村庄或狩猎带中，在包含不同职业分工的各个城市中，每个网络都有自己的不同特征；以及那些更细小的长距离网络，将城市集群合并成不同的文明；这些文明进而合并成欧亚和美洲的大都市，直到 1500 年后它们合并成一个单一的、更加紧密的世界性网络。[54]

【170】 **结论**

在关于我们是否处于"文明冲突"的激烈猜测中，特别是在西方和中东地区之间，人们对文明的本质和它们之间的关系状态有着广泛和日益增长的普遍好奇心。除了学术界之外，英国广播公司最近推出了交互式网络工具《文明》，它被称为"人类历史的多维图景"，允许用户探索"5000年来伟大帝国和思想的兴衰，这是任何书籍都无法做到的。"电脑游戏《席德·梅尔的文明 5》（*Sid Meier's Civilization Ⅴ*）——在苏联解体那年推出的一款基于集群的战略游戏，包括征服、合作和共存——已经成为空前的最受欢迎和最有影响力的游戏之一，玩这款游戏已经极大地扩展了人们对世界不同文明及其相互作用关系的普遍兴趣。[55]

正如历史所表明的那样，尽管有互动、和平交流和互利贸易的网络，但以文化差异为特征的大群体不时发生冲突，这些冲突是否因为根本性的文化差异以及不相容的价值观和生活方式所导致，仍然不能确定。竞争性群体最终陷于暴力冲突的原因有很多：资源竞争、对正在崛起的强大邻居【171】的恐惧和许多其他因素。紧张与冲突固然不应被忽视，尤其不能忽视它们的根本原因，但也存在一种危险，即对冲突和对抗的专注掩盖了许多文明或社会文化群体的共同之处，并阻碍了几个世纪的迁移和交融、和平合作、文化互鉴和思想交流。[56]正如爱德华·萨义德在《东方学》（*Orientalism*）出版 25 周年纪念版的前言中所指出的那样："我们需要专注不是人为制造的文明冲突，而是重叠的、相互借鉴的、以比任何简略或不真实的理解模式都更有趣的方式生活在一起的文化的缓慢融合。"[57]

注释

1.Bernard Lewis, *Islam and the West*（New York：Oxford University Press，1993）；Bernard Lewis, *What Went Wrong?*: *The Clash Between Islam and Modernity in the Middle East*（New York：Harper Perennial，2003）；cf. Amin Saikal, *Islam and the West*: *Conflict or Cooperation?*（Basingstoke：Palgrave Macmillan，2003）.

2.J. M. Roberts, *Triumph of the West*（London：British Broadcasting Corporation，1985）；Sir John Keegan, "Why the West will Win," *The Age*, October 9, 2001, 19; Victor Davis Hanson, *Why the West has Won*: *Carnage and Culture from Salamis to Vietnam*（London：Faber and Faber，2002）.

3.Samuel P. Huntington, "The Clash of Civilisations?" *Foreign Affairs* 72, no. 3（1993），22; and Samuel P. Huntington, *The Clash of Civilizations and the Remaking of World Order*（London：Touchstone Books，1998）.

4.Samuel P. Huntington, "If Not Civilizations, What? Samuel Huntington 【172】 Responds to His Critics," *Foreign Affairs* 72, no.5（1993），186–94.

5.Jack A. Goldstone, "States, Terrorists, and the Clash of Civilizations," in *Understanding September 11*, eds. Craig J. Calhoun, Paul Price and Ashley Timmer（New York：The New Press，2002），139–58; Roger Scruton, *The West and the Rest*: *Globalization and the Terrorist Threat*（London and New York：Continuum，2002）.

6.Arnold J. Toynbee, *A Study of History*, twelve volumes（London：Oxford University Press，1934–1961）.

7.Donald Puchala, "International Encounters of Another Kind," *Global Society* 11, no. 1（1997），5; emphasis in original.

8.Adda B. Bozeman, *Politics & Culture in International History*: *From the Ancient Near East to the Opening of the Modern Age*, second edition（New Brunswick, NJ：Transaction Publishers，2010），xv, xl.

9.Bozeman, *Politics & Culture in International History*, 5–6; emphasis in original.

10.Herbert Arlt and Donald G. Daviau（eds.）, *Culture, Civilization and Human Society*, two volumes（Paris: UNESCO, 2009）; Robert Holton and William R. Nasson（eds.）, *World Civilizations and the History of Human Development*（Paris: UNESCO, 2009）.

11.Brian Fagan, *The Long Summer: How Climate Changed Civilization*（London: Granta, 2004）; Brian Fagan, *The Great Warming: Climate Change and the Rise and Fall of Civilizations*（New York: Bloomsbury, 2008）; Nafeez Mosaddeq Ahmed, *A User's Guide to the Crisis of Civilization: And How to Save It*（London: Pluto Press, 2010）.

12. 参见 Gerrit W. Gong, *The Standard of "Civilization" in International Society*（Oxford: Clarendon Press, 1984）。

13.Raymond Williams, *Keywords*（New York: Oxford University Press, 1983）, 59; emphasis in original.

14.Fernand Braudel, *A History of Civilizations*, trans. R. Mayne（New York: Allen Lane/Penguin, 1993）, 6–7; emphasis in original.

【173】   15.Lucien Febvre, "Civilization: Evolution of a Word and a Group of Ideas, " in *A New Kind of History:From the Writings of Febvre*, ed.P. Burke, trans. K. Folca（London: Routledge & Kegan Paul, 1973）, 220.

16.Emile Durkheim and Marcel Mauss, "Note on the Notion of Civilization, " *Social Research* 38, no. 4（1971）, 811.

17.Braudel, *A History of Civilizations*, 6.

18.Braudel, *A History of Civilizations*, 9.

19.Braudel, *A History of Civilizations*, 15.

20.Braudel, *A History of Civilizations*, 18.

21.Braudel, *A History of Civilizations*, 22.

22.Puchala, "International Encounters of Another Kind, " 8.

23.Puchala, "International Encounters of Another Kind, " 12–13.

24.Peter Katzenstein, "A World of Plural and Pluralist Civilizations, " in *Civilizations in World Politics*, ed. P.J. Katzenstein（London and New

York: Routledge, 2010), 1–40.

25.Matthew Melko, *The Nature of Civilizations* (Boston: Porter Sargent, 1969), 1–2.

26.David Wilkinson, "Civilizations as Networks: Trade, War, Diplomacy, and Command-Control, " *Complexity* 8, no.1 (2003), 82–3.

27.Norbert Elias, *The Civilizing Process*, trans. Edmund Jephcott, revised edition (Oxford: Basil Blackwell, 2000).

28.Stephen Mennell, *The American Civilizing Process* (Cambridge: Polity, 2007); Andrew Linklater, "Global Civilizing Processes and the Ambiguities of Human Interconnectedness, " *European Journal of International Relations* 16, no.2 (2010), 155–78; and Andrew Linklater, *The Problem of Harm in World Politics: Theoretical Investigations* (Cambridge: Cambridge University Press, 2011).

29.Puchala, "International Encounters of Another Kind, " 8.

30.Arnold J. Toynbee, *A Study of History*, abridged by D. C. Somervell (London: Oxford University Press, 1946), 11.

31.Toynbee, *A Study of History*, 34.　　　　　　　　　　　　　【174】

32.David Wilkinson, "Global Civilization—Yesterday, Today and Tomorrow, " in *World Civilizations and the History of Human Development*, eds. R. Holton and W. R. Nasson (Paris: UNESCO, 2010), 168. 参见 Carroll Quigley, *The Evolution of Civilizations: An Introduction to Historical Analysis* (New York: The Macmillan Company, 1961); Philip Bagby, *Culture and History: Prolegomena to the Comparative Study of Civilizations* (Berkeley, CA: University of California Press, 1959); and Rushton Coulborn, *The Origin of Civilized Societies* (Princeton, NJ: Princeton University Press, 1959)。

33.Huntington, *The Clash of Civilizations*, 45–6.

34.Toynbee, *A Study of History*, 35.

35.Toynbee, *A Study of History*, 42.

36.Toynbee, *A Study of History*, 36 –8.

37.John Gray, *Enlightenment's Wake: Politics and Culture at the Close of the Modern Age*（London and New York：Routledge，2007），187–8.

38.Katzenstein，"A World of Plural and Pluralist Civilizations."

39. 例如 Melko，*The Nature of Civilizations*；Benjamin Nelson，*On the Roads to Modernity*：*Conscience*，*Science*，*and Civilizations*，ed. T. E. Huff（Lanham，MD：Lexington Books，2012）。

40.Puchala，"International Encounters of Another Kind，" 10.

41.Samuel P. Huntington，et al.*The Clash of Civilizations? The Debate*，second edition（New York：Foreign Affairs，2010）.

42.Jacinta O'Hagan，"Civilisational Conflict? Looking for Cultural Enemies，" *Third World Quarterly* 16，no.1（1995），19–38；John Gray，"Global Utopias and Clashing Civilizations：Misunderstanding the Present，" *International Affairs* 74，no. 1（1998），149–64；William Connolly，"The New Cult of Civilizational Superiority，" *Theory & Event* 2，no.4（1999）；Michael J. Schapiro，"Samuel Huntington's Moral Geography，" *Theory & Event* 2，no.4（1999）；Edward Said，"The Clash of Ignorance，" *The Nation* 273，no.12（October 22，2001），11–14；Amartya Sen，*Identity and Violence*：*The Illusion of Destiny*（New York：W. W. Norton，2006）.

43.Dieter Senghaas，*The Clash within Civilizations*：*Coming to Terms with Cultural Conflicts*（London and New York：Routledge，2002）.

44.Jonathan Fox，"Ethnic Minorities and the Clash of Civilizations：A Quantitative Analysis of Huntington's Thesis，" *British Journal of Political Science* 32，no.3（2002），415–34；Andrej Tusicisny，"Civilizational Conflicts：More Frequent，Longer，and Bloodier?" *Journal of Peace Research* 41，no.4（2004），485–98；Errol A. Henderson，"Not Letting Evidence Get in the Way of Assumptions：Testing the Clash of Civilizations Thesis with More Recent Data，" *International Politics* 42，no. 4（2005），458–69.

45.Lester B. Pearson，*Democracy in World Politics*（Princeton，NJ：Princeton University Press，1955），83– 4.

46.United Nations，"Alliance of Civilizations：Report of the High-level

【175】

Group，" November 13，2006；Roman Herzog，*Preventing the Clash of Civilizations：A Peace Strategy for the Twenty-First Century*（Basingstoke：Palgrave and New York：St. Martin's Press，1999）；Jonathan Sachs，*The Dignity of Difference：How to Avoid the Clash of Civilizations*（London and New York：Continuum，2003）.

47.Bagby，*Culture and History*，191.

48.Bozeman，*Politics & Culture in International History*，6.

49.Puchala，"International Encounters of Another Kind，" 10.

50.Braudel，*A History of Civilizations*，8.

51.Puchala，"International Encounters of Another Kind，" 26–8.

52.William H. McNeill，"Leaving Western Civilization Behind，" *Liberal Education* Summer/Fall（2011），44；William H. McNeill，*The Rise of the West：A History of the Human Community*（Chicago：University of Chicago Press，1992）.

53.Nelson，*On the Roads to Modernity*；John M. Hobson，*The Eastern Origins* 【176】 *of Western Civilisation*（Cambridge：Cambridge University Press，2004）.

54.McNeill，"Leaving Western Civilization Behind，" 47；J. R. McNeill and William H. McNeill，*The Human Web：A Bird's-Eye View of World History*（New York：W. W. Norton & Company，2003）.

55.Claudio Fogu，"Digitalizing Historical Consciousness，" *History and Theory* 47，no.2（2009），103–21.

56. 参见 Adolf Reichwein，*China and Europe：Intellectual and Artistic Contacts in the Eighteenth Century*（London：Kegan Paul，Trench，Trubner & Co.，1925）；Lewis A. Maverick，*China：A Model for Europe*（San Antonio，TX：Paul Anderson Co.，1946）；Stanwood Cobb，*Islamic Contributions to Civilisation*（Washington DC：Avalon Press，1963）；Cyriac K. Pullapilly and Edwin J. Van Kley（eds.），*Asia and the West：Encounters and Exchanges from the Age of Explorations*（Notre Dame，IN：Cross Cultural Publications，1986）；J. J. Clarke，*Oriental Enlightenment：The Encounter Between Asian and Western Thought*（London：Routledge，

1997）; John M. Hobson, "Reconstructing International Relations Through World History: Oriental Globalization and the Global-Dialogic Conception of Inter-Civilizational Relations," *International Politics* 44, no.4（2007）, 414–30; Antony Black, *The West and Islam: Religion and Political Thought in World History*（Oxford: Oxford University Press, 2008）; Takashi Shogimen and Cary J. Nederman（eds.）, *Western Political Thought in Dialogue with Asia*（Lanham, MD: Lexington Books, 2008）; Michális S. Michael and Fabio Petito（eds.）, *Civilizational Dialogue and World Order: The Other Politics of Cultures, Religions, and Civilizations in International Relations*（New York: Palgrave Macmillan, 2009）。

57.Edward Said, "Preface," in *Orientalism*（London: Penguin, 2003）, xxii.

参考文献

Ahmed, Nafeez Mosaddeq. 2010.*A User's Guide to the Crisis of Civilization*: *And How to Save It*. London: Pluto Press.

Allen, Carleton Kemp. 1930.*Law in the Making*. Second edition. Oxford: Clarendon Press.

Anonymous, "Enlightenment at Boot Camp Leads to Discharge." Committee Opposed to Militarism and the Draft.www.comdsd.org/ article_ archive/EnlightenmentBootCamp1-07. htm.

Arendt, Hannah. 1958.*The Origins of Totalitarianism*. London: George Allen & Unwin.

Arendt, Hannah. 2005. "Mankind and Terror." In *Essays in Understanding*, 1930–1954. ed. Jerome Kohn, pp.297–306. New York: Schocken Books.

Arlt, Herbert and Donald G. Daviau. 2009.*Culture*, *Civilization and Human Society*. Two volumes. Paris: UNESCO.

Aronsfeld, Caesar C. 1985.*The Text of the Holocaust*: *A Study of the Nazis' Extermination Propaganda*, *1919–1945*. Marblehead, MA.: Micah Publications.

Bagby, Philip. 1959.*Culture and History*: *Prolegomena to the Comparative Study of Civilizations*. Berkeley, CA.: University of California Press.

Barkawi, Tarak. 2004. "Peoples, Homelands, and Wars? Ethnicity, the Military, and Battle among British Imperial Forces in the War against Japan." *Comparative Studies in Society and History* 46, no. 1: 134–163.

Barnett, Michael N. 1997. "Bringing in the New World Order: Liberalism, Legitimacy, and the United Nations." *World Politics* 49, no. 4: 526–551.

Bellamy, Alex J. 2008.*War: Critical Concepts in Political Science*. Four volumes. London and New York: Routledge.

Benjamin, Walter. 1969.*Illuminations*. ed. Hannah Arendt. New York: Schocken Books.

Bentham, Jeremy. 1939.*Plan for an Universal and Perpetual Peace*. London: Peace Book Co.

Benveniste, Emile. 1971. "Civilization: A Contribution to the History of the Word." In *Problems in General Linguistics*. trans. Mary Elizabeth Meek, pp.289–296. Coral Gables, FL.: University of Miami Press.

Berlin, Isaiah. 1996. "Kant as an Unfamiliar Source of Nationalism." In *The Sense of Reality: Studies in Ideas and Their History*. ed. Henry Hardy, pp.232–248. London: Chatto & Windus.

Berreby, David. 2008.*Us & Them: The Science of Identity*. Chicago and London: University of Chicago Press.

Black Elk. 1988.*Black Elk Speaks: Being the Life Story of a Holy Man of the Oglala Sioux*. As told through John G. Neihardt (Flaming Rainbow). Lincoln: University of Nebraska Press.

Black, Antony. 2008.*The West and Islam: Religion and Political Thought in World History*. Oxford: Oxford University Press.

Booth, Ken. 1997. "Discussion: A Reply to Wallace." *Review of International Studies* 23, no. 3: 371–377.

Boswell, James. 1951.*Boswell's Column: Being his Seventy Contributions to The London Magazine under the Pseudonym the Hypochondriack from 1777 to 1783 here First Printed in Book Form in England*. Introduction and notes, Margery Bailey. London: William Kimber.

Boutros-Ghali, Boutros. 1992.*Agenda for Peace*. New York: United Nations.

Bowden, Brett. 2004a. "In the Name of Progress and Peace: The 'Standard of Civilization' and the Universalizing Project." *Alternatives: Global, Local, Political* 29, no. 1: 43–68.

Bowden, Brett. 2004b. "The Ideal of Civilisation: Its Origins and

Socio-Political Character." *Critical Review of International Social and Political Philosophy* 7, no. 1: 25–50.

Bowden, Brett. 2005. "The Colonial Origins of International Law: European Expansion and the Classical Standard of Civilisation." *Journal of the History of International Law/Revue d'histoire du droit international* 7, no. 1: 1–23.

Bowden, Brett. 2009a.*The Empire of Civilization: The Evolution of an Imperial Idea.* Chicago and London: University of Chicago Press.

Bowden, Brett. 2009b.*Civilization: Critical Concepts in Political Science.* Four volumes. London and New York: Routledge.

Bowden, Brett. 2013. "'Poisons Disguised with Honey': European Expansion and the Sacred Trust of Civilization."*The European Legacy* 18, no. 2.

Bozeman, Adda B. 2010.*Politics & Culture in International History: From the Ancient Near East to the Opening of the Modern Age.* Second edition. New Brunswick, NJ.: Transaction Publishers.

Braudel, Fernand. 1993.*A History of Civilizations.* trans. R. Mayne. New York: Allen Lane/ Penguin.

Broch, Tom and Johan Galtung. 1966. "Belligerence among the Primitives: A Re-Analysis of Quincy Wright's Data." *Journal of Peace Research* 3, no. 1: 33–45.

Brown, Dee. 1970.*Bury My Heart at Wounded Knee.* New York, Chicago, and San Francisco: Holt, Rinehart & Winston.

Brown, Michael E., Sean M. Lynn-Jones and Steven E. Miller. 1996.*Debating the Democratic Peace: An International Security Reader.* Cambridge, MA. and London: MIT Press.

Brzezinski, Zbigniew. 1995.*Out of Control: Global Turmoil on the Eve of the 21st Century.* New York: Touchstone.

Buchan, Bruce. 2002. "Explaining War and Peace: Kant and Liberal IR Theory." *Alternatives: Global, Local, Political* 27, no. 4: 407–428.

Bull, Hedley. 1966. "The Grotian Conception of International Society." In *Diplomatic Investigations.* eds. Herbert Butterfield and Martin Wight, pp.51–73. London：George Allen & Unwin.

Bull，Hedley. 1984. "The Emergence of a Universal International Society." In *The Expansion of International Society*. eds. Hedley Bull and Adam Watson，pp.117–126. Oxford：Clarendon Press.

Bull，Hedley. 1995.*The Anarchical Society*：*A Study of Order in World Politics*. Second edition. London：Macmillan.

Bull，Hedley and Adam Watson. 1984. "Introduction." In *The Expansion of International Society*. eds. Hedley Bull and Adam Watson，pp.1–9. Oxford：Clarendon Press.

Burton，John W. 1996. "Civilizations in Crisis：From Adversarial to Problem Solving Process." *International Journal Peace Studies* 1，no. 1.

Bury，J. B. 1960.*The Idea of Progress*：*An Inquiry into its Origin and Growth*. New York：Dover Publications.

Bush，George W. 2001. "Address to a Joint Session of Congress and the American People." September 20，2001.

Bush，George W. 2005. "President Addresses Nation，Discusses Iraq，War on Terror." June 28，2005.

Carr，E. H. 1954.*The Twenty Years*'*Crisis*，*1919–1939*. Second edition. London：Macmillan.

Cederman，Lars-Erik. 2001. "Back to Kant：Reinterpreting the Democratic Peace as a Macrohistorical Learning Process." *American Political Science Review* 95，no. 1：15–31.

Cicovacki，Predrag. 2007. "Reverence for Life：A Moral Value or the Moral Value?" *LYCEUM* 9，no. 1：1–10.

Clarke，J. J. 1997.*Oriental Enlightenment*：*The Encounter Between Asian and Western Thought*. London：Routledge.

Clausewitz，Carl von. 1989.*On War*. eds. and trans. Michael Howard and Pater Paret. Princeton，NJ.：Princeton University Press.

Cobb，Stanwood. 1963.*Islamic Contributions to Civilisation*. Washington DC.：Avalon Press.

Colby, Eldridge. 1927. "How to Fight Savage Tribes." *American Journal of International Law* 21, no. 2: 279–288.

Commission on Global Governance. 1995.*Our Global Neighborhood*. New York: Oxford University Press.

Condorcet, Antoine-Nicolas de. 1955. *Sketch for a Historical Picture of the Progress of the Human Mind*. trans. June Barraclough. London: Weidenfeld and Nicolson.

Connolly, William. 1999. "The New Cult of Civilizational Superiority." *Theory & Event* 2, no. 4.

Coulborn, Rushton. 1959.*The Origin of Civilized Societies*. Princeton, NJ.: Princeton University Press.

Davies, Sir John. 1664.*Historical Relations: Or, a Discovery of the True Causes Why Ireland Was Never Entirely Subdued Nor Brought under Obedience of the Crown of England until the Beginning of the Reign of King James of Happy Memory*. Dublin: Samuel Dancer.

Declaration Renouncing the Use, in Time of War, of Explosive Projectiles Under 400 Grammes Weight. St. Petersburg, November 29/December 11 1868.

Denvir, John. 2004. "Bush's Savage War." *Picturing Justice: The On-Line Journal of Law and Popular Culture*. January 9. http: //usf.usfca.edu/pj// savage_denvir.htm.

Deutsch, Karl W. 1965. "Quincy Wright's Contribution to the Study of War: A Preface to the Second Edition, " xi–xix. In *A Study of War*. Second edition. Chicago and London: University of Chicago Press.

Dillon, Michael and Julian Reid. 2009.*The Liberal Way of War: Killing to Make Life Live*. London and New York: Routledge.

Dower, John W. 1986.*War Without Mercy: Race & Power in the Pacific War*. New York: Pantheon.

Doyle, Michael W. 1983a. "Kant, Liberal Legacies, and Foreign Affairs, Part 1." *Philosophy and Public Affairs* 12, no. 3: 205–235.

Doyle, Michael W. 1983b. "Kant, Liberal Legacies, and Foreign

Affairs, Part 2." *Philosophy and Public Affairs* 12, no. 4: 323–353.

Doyle, Michael W. 1986. "Liberalism and World Politics." *American Political Science Review* 80, no. 4: 1151–1169.

Durkheim, Emile and Marcel Mauss. 1971. "Note on the Notion of Civilization." *Social Research* 38, no. 4: 808–813.

Eckhardt, William. 1975. "Primitive Militarism." *Journal of Peace Research* 12, no. 1: 55–62.

Eckhardt, William. 1990. "Civilization, Empires, and Wars." *Journal of Peace Research* 27, no. 1: 9–24.

Eckhardt, William. 1991. "War-related Deaths Since 3000 BC." *Bulletin of Peace Proposals* 22, no. 4: 437–443.

Eckhardt, William. 1992.*Civilizations, Empires and Wars: A Quantitative History of War*. Jefferson, NC. and London: McFarland & Company.

Elias, Norbert. 1988. "Violence and Civilization: The State Monopoly of Physical Violence and its Infringement." In *Civil Society and the State: New European Perspectives*. ed. John Keane, pp.177–198. London: Verso.

Elias, Norbert. 2000.*The Civilizing Process*. trans. Edmund Jephcott. Revised edition. Oxford: Basil Blackwell.

Euben, Roxanne L. 1999.*Enemy in the Mirror: Islamic Fundamentalism and the Limits of Modern Rationalism: A Work of Comparative Political Theory*. Princeton, NJ.: Princeton University Press.

Evans, Gareth. 1993.*Cooperating for Peace*. St. Leonards, NSW.: Unwin and Hyman.

Fabian, Johannes. 1983. *Time and the Other: How Anthropology Makes its Object*. New York: Columbia University Press.

Fagan, Brian. 2004.*The Long Summer: How Climate Changed Civilization*. London: Granta.

Fagan, Brian. 2008.*The Great Warming: Climate Change and the Rise and Fall of Civilizations*. New York: Bloomsbury.

Febvre, Lucien. 1973. "Civilization: Evolution of a Word and a Group of Ideas." In *A New Kind of History*: *From the Writings of Febvre*. ed. P. Burke, trans. K. Folca, pp.219–257. London: Routledge & Kegan Paul.

Fiske, Susan T., Lasana T. Harris and Amy J. C. Cuddy. 2004. "Why Ordinary People Torture Enemy Prisoners." *Science* 306: 1482–1483.

Fogu, Claudio. 2009. "Digitalizing Historical Consciousness." *History and Theory* 47, no. 2: 103–121.

Fox, Jonathan. 2002. "Ethnic Minorities and the Clash of Civilizations: A Quantitative Analysis of Huntington's Thesis." *British Journal of Political Science* 32, no. 3: 415–434.

Freedom House. 1999.*Democracy's Century*: *A Survey of Global Political Change in the 20th Century*. New York: Freedom House.

Freud, Sigmund. 1975.*Civilization and its Discontents*. Trans. Joan Riviere. London: The Hogarth Press and the Institute for Psycho-Analysis.

Fukuyama, Francis. 1999. "Second Thoughts: The Last Man in a Bottle." *The National Interest* 56: 16–33.

Fuller, J. F. C. 1923.*The Reformation of War*. London: Hutchinson & Co.

Galor, Oded and Omer Moav. 2005. "Natural Selection and the Evolution of Life Expectancy." Minerva Center for Economic Growth Paper no. 2–5. http: //ssrn.com/abstract=563741.

Gat, Azar. 2006.*War in Human Civilization*. Oxford: Oxford University Press.

Gibbon, Edward. 1963.*The Decline and Fall of the Roman Empire*. Abridged by D. M. Low. Harmondsworth: Penguin Books with Chatto & Windus.

Goldhagen, Daniel Jonah. 1997.*Hitler's Willing Executioners*: *Ordinary Germans and the Holocaust*. New York: Vintage.

Goldstone, Jack A. 2002. "States, Terrorists, and the Clash of Civilizations." In *Understanding September* 11. eds. Craig J. Calhoun, Paul Price and Ashley Timmer, pp.139–158. New York: The New Press.

Gong, Gerrit W. 1984.*The Standard of* "*Civilization*" *in International*

Society. Oxford： Clarendon Press.

Gourevitch， Philip. 1998.*We Wish to Inform you that Tomorrow we will be Killed with our Families*： *Stories from Rwanda.* New York： Picador.

Gray， John. 1995.*Enlightenment's Wake*： *Politics and Culture at the Close of the Modern Age.* London and New York： Routledge.

Gray， John. 1998. "Global Utopias and Clashing Civilizations： Misunderstanding the Present." *International Affairs* 74， no. 1： 149–164.

Gray， John. 1998.*False Dawn*： *The Delusions of Global Capitalism.* London： Granta.

Great Britain War Office. 1914.*Manual of Military Law.* London： HMSO.

Guilaine， Jean and Jean Zammit. 2005. *The Origins of War*： *Violence in Prehistory*.trans. Melanie Hersey. Malden， MA.： Wiley-Blackwell.

Guizot， François. 1997.*The History of Civilization in Europe.* trans. William Hazlitt. Harmondsworth： Penguin.

Hanson， Victor Davis. 2002.*Why the West has Won*： *Carnage and Culture from Salamis to Vietnam.* London： Faber and Faber.

Hartle， Anthony E. 2002. "Atrocities in War： Dirty Hands and Noncombatants." *Social Research* 69， no. 4： 963–979.

Hegel， G. W. F. 1975.*Aesthetics*： *Lectures on Fine Art.* trans. T. M. Knox. Two volumes. Oxford： Clarendon Press.

Henderson， Errol A. 2005. "Not Letting Evidence Get in the Way of Assumptions： Testing the Clash of Civilizations Thesis with More Recent Data." *International Politics* 42， no. 4： 458–469.

Herf， Jeffrey. 2006.*The Jewish Enemy*： *Nazi Propaganda during World War II and the Holocaust.* Cambridge， MA.： Belknap Press.

Herzog， Roman. 1999.*Preventing the Clash of Civilizations*： *A Peace Strategy for the Twenty-First Century.* ed. Henrik Schmiegelow. Basingstoke： Palgrave and New York： St. Martin's Press.

Hobbes， Thomas. 1985.*Leviathan.* ed. C. B. Macpherson. Harmondsworth： Penguin.

Hobsbawm, Eric. 1994. "Barbarism: A User's Guide." *New Left Review* 206: 44–54.

Hobson, John M. 2004.*The Eastern Origins of Western Civilisation.* Cambridge: Cambridge University Press.

Hobson, John M. 2007. "Reconstructing International Relations Through World History: Oriental Globalization and the Global-Dialogic Conception of Inter-Civilizational Relations." *International Politics* 44, no. 4: 414–430.

Holton, Robert and William R. Nasson. 2009.*World Civilizations and the History of Human Development.* Paris: UNESCO.

Homer-Dixon, Thomas F. 1991. "On the Threshold: Environmental Changes as Causes of Acute Conflict." *International Security* 16, no. 2: 76–116.

Homer-Dixon, Thomas F. 1994. "Environmental Scarcities and Violent Conflict: Evidence from Cases." *International Security* 19, no. 1: 5–40.

Homer-Dixon, Thomas F. 2001.*Environment, Scarcity, and Violence.* Princeton, NJ.: Princeton University Press.

Howard, Michael. 1994. "Constraints on Warfare." In *The Laws of War: Constraints on Warfare in the Western World.* eds. Michael Howard, George J. Andreopolous and Mark R. Shulman, pp.1–11. New Haven, CT.: Yale University Press.

Howard, Michael. 2000. *The Invention of Peace: Reflections on War and International Order.* London: Profile Books.

Huntington, Samuel P. 1993a. "The Clash of Civilisations?" *Foreign Affairs* 72, no. 3: 22–49.

Huntington, Samuel P. 1993b. "If Not Civilizations, What? Samuel Huntington Responds to His Critics." *Foreign Affairs* 72, no. 5: 186–194.

Huntington, Samuel P. 1998.*The Clash of Civilisations and the Remaking of World Order.* London: Touchstone Books.

Huntington, Samuel P. 2010.*The Clash of Civilizations? The Debate.* Second edition. New York: Foreign Affairs.

Johnson, James Turner. 1997. *The Holy War Idea in Western and Islamic*

Traditions. University Park，PA.：Pennsylvania State University Press.

Kacowicz，Arie M. 1995. "Explaining Zones of Peace：Democracies as Satisfied Powers?" *Journal of Peace Research* 32，no. 5：265-276.

Kant，Immanuel. 1963a. "Idea for a Universal History from a Cosmopolitan Point of View." In *Kant On History*. ed. Lewis White Beck，pp.11-26. Indianapolis：Bobbs-Merrill.

Kant，Immanuel. 1963b. "Perpetual Peace." In *Kant On History*. ed. Lewis White Beck，pp.85-135. Indianapolis：Bobbs-Merrill.

Kant，Immanuel. 1963c. "An Old Question Raised Again：Is the Human Race Constantly Progressing?" In *Kant On History*. ed. Lewis White Beck，pp.137-154. Indianapolis：Bobbs-Merrill.

Kaplan，Robert D. 1993.*Balkan Ghosts*：*A Journey through History*. London：Macmillan.

Kaplan，Robert D. 1994. "The Coming Anarchy." *Atlantic Monthly*（February）：44-76.

Katzenstein，Peter J. 2010. "A World of Plural and Pluralist Civilizations." In *Civilizations in World Politics*. ed. P. J. Katzenstein，pp.1-40. London and New York：Routledge.

Keane，John. 1996.*Reflections on Violenc*e. London：Verso.

Keegan，Sir John. 2001a. "Why the West will Win." *The Age*（Melbourne，Aust.），October 9.

Keegan，Sir John. 2001b.Interviewed on Foreign Correspondent，Australian Broadcasting Corporation，October 10. http：//www.abc.net. au/foreign/stories/s387060.htm.

Keeley，Lawrence H. 1996.*War before Civilization*：*The Myth of the Peaceful Savage*. New York：Oxford University Press.

Keen，David. 2006. "War Without End? Magic，Propaganda and the Hidden Functions of Counter-terror." *Journal of International Development* 18，no. 1：87-104.

Keen，Sam. 1988.*Faces of the Enemy*：*Reflections of the Hostile*

Imagination. New York: Harper & Row.

Kelsay, John and James Turner Johnson. 1991.*Just War and Jihad*: *Historical and Theoretical Perspectives on War and Peace in Western and Islamic Traditions*. New York: Greenwood Press.

Kinsell, Kevin G. 1992. "Changes in Life Expectancy 1900–1990." *American Journal of Clinical Nutrition* 55: 1196S–1202S.

Kipling, Rudyard. 2007.*A Book of Words*: *For My Friends Known and Unknown*: *Selections from Speeches and Addresses Delivered Between* 1906 *and* 1927. Rockville, MD.: Wildside Press.

Lawrence, Bruce. 2005.*Messages to the World*: *The Statements of Osama bin Laden*. trans. James Howarth. London: Verso.

Lehmann-Haupt, Christopher. 1996. "Even in Eden, it Seems, War was Hell." *New York Times*, July 18.

Lenin, V. I. 1930. "The Peace Question." In *Collected Works/The Imperialist War*: *The Struggle Against Social Chauvinism and Social Pacifism*. Ed. Alexander Trachtenberg, trans. Moissaye J. Olcin. New York: International Publishers Co.

Levi, Primo. 1989.*The Drowned and the Saved*. trans. Raymond Rosenthal. New York: Vintage International.

Levy, Jack S. 1998. "Domestic Politics and War." *Journal of Interdisciplinary History* 18, no. 4: 653–673.

Lewis, Bernard. 1993. *Islam and the West*. New York: Oxford University Press.

Lewis, Bernard. 2003.*What Went Wrong? The Clash Between Islam and Modernity in the Middle East*. New York: Harper Perennial.

Lindbergh, Charles A. 1970.*The Wartime Journals of Charles A. Lindbergh*. New York: Harcourt Brace Jovanovich.

Linklater, Andrew. 2010. "Global Civilizing Processes and the Ambiguities of Human Interconnectedness." *European Journal of International Relations* 16, no. 2: 155–178.

Linklater, Andrew. 2011.*The Problem of Harm in World Politics*:

Theoretical Investigations. Cambridge：Cambridge University Press.

Lipson，Leslie. 1964.*The Democratic Civilization*. New York：Oxford University Press.

Lomasky，Loren E. 1991. "The Political Significance of Terrorism." In *Violence，Terrorism，and Justice*. eds. R. G. Frey and Christopher W. Morris，pp.86–115. Cambridge：Cambridge University Press.

Lorenz，Konrad. 1966.*On Aggression*. New York：MJF Books.

MacDougall，Robert. 1999. "Red，Brown and Yellow Perils：Images of the American Enemy in the 1940s and 1950s." *Journal of Popular Culture* 32，no. 4：59–75.

Macklin，Ruth. 1977. "Moral Progress." *Ethics* 87，no. 4：370–382.

Maddison，Angus. 2006.*The World Economy*，vol. 1：*A Millennial Perspective*；vol. 2：*Historical Statistics*. Paris：OECD Publishing.

Marrett，R. R. 1920.*Psychology and Folklore*. London：Methuen & Co.

Maverick，Lewis A. 1946.*China：A Model for Europe*. San Antonio，TX.：Paul Anderson Co.

McNeill，J. R. and William H. McNeill. 2003. *The Human Web：A Bird's-Eye View of World History*. New York：W. W. Norton.

McNeill，William H. 1992.*The Rise of the West：A History of the Human Community*. Chicago：University of Chicago Press.

McNeill，William H. 2011. "Leaving Western Civilization Behind." *Liberal Education* Summer/ Fall：40–47.

Meistrich，Ira. 2005. "War's Cradle：The Birthplace of Civilization is also the Home of Culture's Nemesis." *MHQ：The Quarterly Journal of Military History* 17，no. 3：84–93.

Melko，Matthew. 1969.*The Nature of Civilizations*. Boston：Porter Sargent.

Melvern，Linda. 2006.*Conspiracy to Murder：The Rwandan Genocide*. London and New York：Verso.

Mennell，Stephen. 2007.*The American Civilizing Process*. Cambridge：Polity.

Michael, Michális S. and Fabio Petito. 2009.*Civilizational Dialogue and World Order: The Other Politics of Cultures, Religions, and Civilizations in International Relations.* New York: Palgrave Macmillan.

Mill, John Stuart. 1962. "Civilization." In *Essays on Politics and Culture.* ed. Gertrude Himmelfarb, pp.51–84. Garden City, NY.: Doubleday & Company.

Mir, Hamid. 2001. "Osama Claims he has Nukes: If US uses N-Arms it will Get Same Response." *Dawn: The Internet Edition*, November 10. http: // archives.dawn.com/2001/11/10/top1.htm.

Montesquieu. 1949.*The Spirit of the Laws.* trans. Thomas Nugent. New York: Hafner Publishing Company.

Moravcsik, Andrew. 1997. "Taking Preferences Seriously: A Liberal Theory of International Politics." *International Organization* 51, no. 4: 513–533.

Morgenthau, Hans J. 1967.*Politics among Nations: The Struggle for Power and Peace.* Fourth edition. New York: Alfred A. Knopf.

Mosseau, Michael.2000. "Market Prosperity, Democratic Consolidation, and Democratic Peace." *Journal of Conflict Resolution* 44, no. 4: 472–507.

Mozaffari, Mehdi. 2001. "The Transformationalist Perspective and the Rise of a Global Standard of Civilization." *International Relations of the Asia-Pacific* 1, no. 2: 247–264.

Muldoon, James. 1975. "The Indian as Irishman." *Essex Institute Historical Collections* 111: 267–289.

Nelson, Benjamin. 2012.*On the Roads to Modernity: Conscience, Science, and Civilizations.* ed. Toby E. Huff. Lanham, MD.: Lexington Books.

Nisbet, Robert. 1980.*History of the Idea of Progress.* London: Heinemann.

Nussbaum, Martha C. 1997. "Kant and Stoic Cosmopolitanism." *Journal of Political Philosophy* 5, no. 1: 1–25.

O'Hagan, Jacinta. 1995. "Civilisational Conflict? Looking for Cultural Enemies." *Third World Quarterly* 16, no. 1: 19–38.

Offe, Clause. 1996. "Modern 'Barbarity': A Micro State of Nature." *Constellations* 2, no. 3: 354–377.

Orend, Brian. 2008. "War." *The Stanford Encyclopedia of Philosophy.* ed. Edward N. Zalta. http://plato.stanford.edu/archives/fall2008/ entries/war/.

Pagden, Anthony. 1988. "The 'Defence of Civilization' in Eighteenth-century Social Theory." *History of the Human Sciences* 1, no. 1: 33–45.

Pagden, Anthony. 2000. "Stoicism, Cosmopolitanism, and the Legacy of European Imperialism." *Constellations* 7, no. 1: 3–22.

Pearson, Lester B. 1955.*Democracy in World Politics.* New Jersey: Princeton University Press.

Phillips, Robert. 1990. "Terrorism: Historical Roots and Moral Justifications." In *Terrorism, Protest and Power.* eds. Martin Warner and Roger Crisp. Aldershot: Edward Elgar Publishing.

Poirot, Clifford S. Jr. 1997. "The Return to Barbarism." *Journal of Economic Issues* 31, no. 1: 233–244.

Primoratz, Igor. 1990. "What is Terrorism?" *Journal of Applied Philosophy* 7, no. 2: 129–138.

Puchala, Donald. 1997. "International Encounters of Another Kind." *Global Society* 11, no. 1: 5–29.

Pullapilly, Cyriac K. and Edwin J. van Kley. 1986.*Asia and the West: Encounters and Exchanges from the Age of Explorations.* Notre Dame, IN.: Cross Cultural Publications.

Quigley, Carroll. 1961.*The Evolution of Civilizations: An Introduction to Historical Analysis.* New York: Macmillan.

Rawls, John. 1999.*The Law of Peoples.* Cambridge, MA.: Harvard University Press.

Reichwein, Adolf. 1925.*China and Europe: Intellectual and Artistic Contacts in the Eighteenth Century.* London: Kegan Paul, Trench, Trubner & Co.

Ricardo, David. 1891.*Principles of Political Economy and Taxation.* ed. E. C. K. Gonner. London: George Bell and Sons.

Rice, Condoleezza. 2005. "The Promise of Democratic Peace: Why Promoting Freedom is the Only Realistic Path to Security." *Washington Post,*

December 11: B7.

Roberts, J. M. 1985.*Triumph of the West*. London: British Broadcasting Corporation.

Robertson, William. 1812.*The History of America*. Four volumes. Twelfth edition. London: Cadell and Davies.

Robin, Corey. 2004.*Fear: The History of a Political Idea*. New York: Oxford University Press.

Rogin, Michael Paul. 1987.*Ronald Reagan, the Movie: and Other Episodes in Political Demonology*. Berkeley, CA.: University of California Press.

Rousseau, Jean-Jacques. 1968.*The Social Contract*. trans. Maurice Cranston. Harmondsworth: Penguin.

Rousseau, Jean-Jacques. 1991. "Abstract and Judgement of Saint-Pierre's Project for Perpetual Peace." In *Rousseau on International Relations*. eds. Stanley Hoffman and David P. Fidler, pp.53–100. Oxford: Clarendon Press.

Rousseau, Jean-Jacques. 1997. "Discourse on the Origin and the Foundations of Inequality among Men." In *The Discourses and Other Early Political Writings*. ed. and trans. Victor Gourevitch, pp.111–231. Cambridge: Cambridge University Press.

Rummel, R. J. 1994.*Death by Government*. New Bruswick, NJ.: Transaction Publishers.

Russell, Edmund P. III. 1996. " 'Speaking of Annihilation' : Mobilizing for War against Human and Insect Enemies, 1914–1945." *Journal of American History* 82, no. 4: 1505–1529.

Russell, Edmund. 2001.*War and Nature: Fighting Humans and Insects with Chemicals from World War 1 to Silent Spring*. Cambridge: Cambridge University Press.

Russett, Bruce, John R. Oneal and David R. Davis. 1998. "The Third Leg of the Kantian Tripod for Peace: International Organizations and Militarized Disputes, 1950–1985." *International Organization* 52, no. 3: 441–467.

Russett, Bruce. 1990.*Controlling the Sword: The Democratic Governance of National Security.* Cambridge，MA.：Harvard University Press.

Russett，Bruce. 1993.*Grasping the Democratic Peace.* Princeton，NJ.：Princeton University Press.

Sachs，Jonathan. 2003.*The Dignity of Difference：How to Avoid the Clash of Civilizations.* London and New York：Continuum.

Said，Edward. 2001. "The Clash of Ignorance." *The Nation* 273，no. 12：11-14.

Said，Edward. 2003. *Orientalism.* London：Penguin.

Saikal，Amin. 2003.*Islam and the West：Conflict or Cooperation?* Basingstoke：Palgrave Macmillan.

Schapiro，J. Salwyn. 1963.*Condorcet and the Rise of Liberalism.* New York：Octagon Books.

Schapiro，Michael J. 1999. "Samuel Huntington's Moral Geography." *Theory & Event* 2，no. 4.

Schiller，Friedrich von. 1972. "The Nature and Value of Universal History：An Inaugural Lecture［1789］." *History and Theory* 11，no. 3：321-334.

Schmid，Alex P. and Albert J. Longman，2005.*Political Terrorism：A Research Guide to Concepts，Theories，Data Bases and Literature.* New Brunswick，NJ.：Transaction Publishers.

Schweitzer，Albert. 1947.*The Decay and the Restoration of Civilization：The Philosophy of Civilization. Part I.* trans. C. T. Campion. Second edition. London：A. & C. Black Ltd.

Schweitzer，Albert. 1967.*Civilization and Ethics.* trans. C. T. Campion. London：Unwin Books.

Scruton，Roger. 2002.*The West and the Rest：Globalization and the Terrorist Threat.* London and New York：Continuum.

Sen，Amartya. 1999. "Democracy as Universal Value." *Journal of Democracy* 10，no. 3：3-17.

Sen，Amartya. 2006.*Identity and Violence：The Illusion of Destiny.* New York：W. W. Norton.

Senghaas，Dieter. 2002.*The Clash within Civilizations：Coming to Terms with Cultural Conflicts*. London and New York: Routledge.

Shivakumar, Sujai J. 2005. "Towards a Democratic Civilization for the 21st century." *Journal of Economic Behavior & Organization* 57, no. 2: 199–204.

Shogimen, Takashi and Cary J. Nederman. 2008.*Western Political Thought in Dialogue with Asia*. Lanham, MD.: Lexington Books.

Simpsons, The. 1994. "Sweet Seymour Skinner's Baadasssss." *The Simpsons*. Gracie Films and 20th Century Fox Television. Airdate April 28.

Smith, Adam. 1869.*The Wealth of Nations*. London: T. Nelson and Sons.

Smith, David Livingston. 2007.*The Most Dangerous Animal*: *Human Nature and the Origins of War*. New York: St Martin's Press.

Smith, Sgt. Martin, USMC, Ret. 2007. "Learning to be a Lean, Mean Killing Machine." *Counterpunch*, February 20. www.counterpunch.org/ smith02 202007.html.

Snow, Alpheus Henry. 1921.*The Question of Aborigines in the Law and Practice of Nations*. New York: G. P. Putnam's Sons; The Knickerbocker Press.

Sorokin, Pitrim A. 2002.*The Ways and Power of Love*: *Types, Factors, and Techniques of Moral Transformation*. West Conshohocken, PA.: Templeton Foundation Press.

Spengler, Oswald. 1967. "Is World Peace Possible?" In *Selected Essays*. trans. Donald O. White, pp.205–207. Chicago: Henry Regnery Company.

Spengler, Oswald. 2006. "The Fraud of Primitive Authenticity." *Asia Times Online*, July 4. www. atimes.com.

Starobinski, Jean. 1993. "The Word Civilization." In *Blessings in Disguise*; *or The Morality of Evil*. trans. Arthur Goldhammer, pp.1–35. Cambridge, MA.: Harvard University Press.

Sunstein, Cass R. 2009. *Going to Extremes*: *How Like Minds Unite and Divide*. New York: Oxford University Press.

Toynbee, Arnold J. 1934–1961.*A Study of History*. Twelve volumes. London: Oxford University Press.

Toynbee, Arnold J. 1946.*A Study of History*. Abridged D. C. Somervell. Oxford: Oxford University Press.

Toynbee, Arnold J. 1951. *War and Civilization.* Selected by A. V. Fowler from *A Study of History.* London: Oxford University Press.

Toynbee, Arnold J. and Daisaku Ikeda. 2007. *Choose Life: A Dialogue.* New York: I. B. Tauris.

Tucker, David. 1998. "Fighting Barbarians." *Parameters* 28, no. 2: 69–79.

Turney-High, Harry Holbert. 1971. *Primitive War: Its Practice and Concepts.* Second edition. Columbia, SC.: University of South Carolina Press.

Tusicisny, Andrej. 2004. "Civilizational Conflicts: More Frequent, Longer, and Bloodier?" *Journal of Peace Research* 41, no. 4: 485–498.

United Nations. 2005. *World Urbanization Prospects: The* 2005 *Revision.* New York: United Nations Department of Economic and Social Affairs, Population Division.

United Nations. 2006. "Alliance of Civilizations: Report of the High-level Group." November 13.

Wade, Nicholas. 2006. *Before the Dawn: Recovering the Lost History of Our Ancestors.* New York: Penguin.

Walker, Thomas C. 2000. "The Forgotten Prophet: Tom Paine's Cosmopolitanism and International Relations." *International Studies Quarterly* 44, no. 1: 51–72.

Walzer, Michael. 2000. *Just and Unjust Wars.* Third edition. New York: Basic Books.

Ward, Robert. 1963. *An Enquiry into the Foundation and History of the Law of Nations in Europe from the Time of the Greeks and Romans to the Age of Grotius.* Two volumes. New York and London: Garland Publishing Inc.

Wellman, Carl. 1979. "On Terrorism Itself." *Journal of Value Inquiry* 13, no. 4: 250–258.

Westing, Arthur H. 1982. "War as a Human Endeavor: The High-Fatality Wars of the Twentieth Century." *Journal of Peace Research,* 19, no. 3: 261–270.

Wheeler, Everett L. 1991. "Terrorism and Military Theory: An

Historical Perspective." *Terrorism and Political Violence* 3, no. 1: 6–33.

Wight, Martin. 1966. "Western Values in International Relations." In *Diplomatic Investigations.* eds. Herbert Butterfield and Martin Wight, pp.89–131. London: George Allen & Unwin.

Wiktorowicz, Quintan and John Kaltner. 2003. "Killing in the Name of Islam: Al-Qaeda's Justification for September 11." *Middle East Policy X*, no. 2: 76–92.

Wiktorowicz, Quintan. 2005. "A Genealogy of Radical Islam." *Studies in Conflict & Terrorism* 28, no. 2: 75–97.

Wilkinson, David. 2003. "Civilizations as Networks: Trade, War, Diplomacy, and Command-Control." *Complexity* 8, no. 1: 82–86.

Wilkinson, David. 2010. "Global Civilization-Yesterday, Today and Tomorrow." In *World Civilizations and the History of Human Development.* eds. Robert Holton and William R. Nasson, pp.166–190. Paris: UNESCO.

Wilkinson, Paul. 1974. *Political Terrorism.* New York and Toronto: John Wiley & Sons.

Williams, Raymond. 1983.*Keywords.* New York: Oxford University Press.

Woodward, Bob. 2004.*Plan of Attack.* New York: Simon & Schuster.

Wright, Quincy. 1926. "The Bombardment of Damascus." *American Journal of International Law* 20, no. 2: 263–280.

Wright, Quincy. 1965.*A Study of War.* Second edition. Chicago and London: University of Chicago Press.

Young Joseph, Chief of the Nez Percés. 1879. "An Indian's View of Indian Affairs." *North American Review* 269: 412–434.

索　引

（索引页码为原书页码，即本书边码）

A

B

【204】

E

F

G

H

L

M

O

P

Q

R

S

W

Y

Z